数字は人格

できる人は
どんな数字を見て、
どこまで数字で
判断しているか

小山 昇
Noboru Koyama
株式会社武蔵野 代表取締役社長

ダイヤモンド社

プロローグ
数字が人格、お金が愛

出張中のナンバー2が中国で緊急入院！ 1500万円で飛行機をチャーター

海外出張中のナンバー2の営業部長が、病気で倒れて緊急入院。難病で、現地では治療が不可能。しかも容態が悪く、普通に飛行機で帰国するのは無理――。

社員がこのようなピンチに陥ったら、みなさんはどうしますか？

思い切った決断をしたのが、株式会社モリチュウ（埼玉県、製造業）の森雄児社長です。

中国・大連に出張中の営業部長が突然倒れて入院。進行性の病気で大連の病院では治せず、家族は一瞬、悪い想像が頭をよぎった。

「日本で治してやりたい」

「ココで死なせてなるものか」

そう思った社長は、飛行機のチャーターを考えた。調べると、チャーター額は１２００万円。入院して治す費用３００万円と合わせて**計１５００万円**の支出です。

モリチュウは社員数28人の小さな会社。１５００万円出すと、その期の利益はふっ飛びます。しかし、森社長はひるまなかった。ポンとお金を払って営業部長を帰国させた。

営業部長は、日本で高度な治療を受けたことで快復。いまでは元気に職場復帰を果たしています。

このエピソードを聞いて、

「森社長は社員を大切にしている。人格者だ！」

と感想を抱く人は多いかもしれません。

たしかに森社長は人格者です。ただ、勘違いしてはダメです。森社長が社員を救えたのは、慈愛の心を持っていたからだけではない。高額の治療費を払って飛行機を一台チャーターする**「キャッシュ」**を持っていたからです。

モリチュウは**月商の４～５か月分の現預金**を持っていました。その額は**２億５０００万円**。多額の借入れをしていましたが、内部留保もあり、実質無借金で手元にすぐ使える現金があった。だから、いざというときに社員を救うための決断ができたのです。

一時的に利益はふっ飛びますが、無謀なことをしたわけでもありません。1500万円の出費を社員数の28人で割ると、53万円強です。社員ひとりあたり年間10万円強の利益を上積みして、それを5年続けたら十分にペイします。

万一のときは会社が面倒を見てくれる、と思えば、社員はモチベーションを高めて一生懸命働いてくれます。事実、この出来事があってから社員はひとりも辞めておらず、仕入先・お客様・銀行から「おたくの社長は立派だ」と高評価を得ている。今年度は学生優位で中小企業にとっては〝就職氷河期〟ですが、こんな中小零細企業でも2人の内定者が出ている。社員がインターンシップでこの話を学生にするから心に響く。お金を持っていたからできた決断ですが、ここまでの経済効果の計算はできませんでした。

お金を持っている社長だけが〝人格者〟

社員にとっては、お金を持っている社長、数字に強い社長だけが人格者です。

どんなに社員を大切にする気持ちがあっても、お金がなければ社員を幸せにすることはできません。そこをはき違えている社長は、社員やその家族を不幸にします。

会社経営においては、**「数字が人格」「お金が愛」**です。

具体的に言えば、**いざというときに困らないだけのキャッシュを持つ**、そして**そのキャッシュをつくるための数字を理解する**。この2つさえできれば、会社をつぶさず、社員を幸せにできます。

ところが、世の中には決算書の数字すら把握していない社長が少なくない。信じられないかもしれませんが、**事実**です。

株式会社武蔵野はダスキンのフランチャイズ事業を展開するかたわら、そこで培ったノウハウをもとに中小企業向けにコンサルティングをする経営サポート事業を行っています。その数700社以上。その門をたたく**社長の7～8割は、自社の決算書を見ていない**。いま自社にいくらキャッシュがあって、いくら投資する余裕があるのか。その数字をまったく把握していない。

売上や利益を把握しているなら、まだいいほうです。

オフィス向けに観葉植物のレンタルをしている株式会社喜芳園《きほうえん》（東京都）の下田あかね社長は、

「粗利益って何？　どうして利益にたくさんの種類があるの？」

というレベルです。

当然、会社は赤字です。それまでつぶれなかったのは運がよかったからとしか言いようがない。

中小企業は、このレベルの社長がめずらしくありません。社長がこうですから、幹部や一般社員はなおさら数字に無頓着です。そのため利益を無視して平気で安売りしたり、非効率な仕事の進め方をしたりする。これが中小企業の実態です。

「自分はもともと数字が苦手。いまからやっても遅い」

「うちの社員はレベルが低い。数字を教えるなんて無理だ」

「数字は人格」というと、多くの社長はこういってサジを投げます。

しかし、本当にそうでしょうか。

おそらく学校時代に習った数学の影響で数字に苦手意識を持つのかもしれませんが、学校で習う数学と経営の数字はまったく別ものです。経営判断において難しい計算は不要。**足し算と引き算ができれば十分**です。

わけのわからない財務指標を覚える必要もありません。あれはコンサルタントが自分を賢く見せるためにつくった数字であって、実務では役に立たない。社長が絶対に見なければいけないのは、**キャッシュの額と、それをつくるのに必要な数字だけ**。それ以外はオマケです。

ツボとなる数字を押さえて回数をこなせば、**誰でも数字に強くなれます**。

最初は「粗利益の意味がわからない」と嘆《なげ》いていた下田社長も、いまや苦手意識を完全に払拭《ふっしょく》しています。

観葉植物のレンタル事業は、ナマモノの植物をいかに長持ちさせるかが勝負です。長持ちすれば仕入が減って原価が下がり、粗利益が増えるからです。

当初は何も考えていなかった下田社長が粗利益の意味を理解した結果、植物を空調の風が直接当たらない場所に置くなどの工夫をして寿命を延ばすことに成功。粗利益は大幅にカイゼンし、赤字だった経常利益も**今期（2017年度）は2000万円の黒字**になった。

これで下田社長も立派な〝人格者〟です。

借金は、することが正しい

「自分は決算書の勉強をした。数字には強いので大丈夫」

数字をまったく見ていない社長も怖いですが、このように自信満々な社長も要注意です。税理士や会計士が書いた財務の本には、「自己資本比率が高い会社がいい会社。そのためには借金をしてはいけない」といったことが書いてあります。

自己資本比率とは、借入金を含めたすべての資本のうち、返済不要の自己資金が占める割合のこと。無借金なら自己資本比率は１００％で、健全経営という。

なまじっか数字をかじっている社長は、この主張を鵜呑みにして無借金経営を目指します。現実的に借金せざるを得ないとしても、借入額を少しでも減らすことが正しいと思っている。

しかし、その発想は会社経営にとって**命取り**です。

無借金にこだわれば、社長の意思で自由に動かせるキャッシュの量が増えません。

キャッシュが少ないと、冒頭に挙げたモリチュウのように、**いざというときに社員を救ったり、設備投資やM&Aをしたりするときにお金を使えない。**

お金を使わざるを得ない事情ができたら、そこで改めて銀行に融資を頼めばいい？

それは甘い考えです。

「社員が海外で倒れた。飛行機をチャーターしたいから融資してほしい」と頼んでOKしてくれる銀行なんてひとつもない。断言してもいい。絶対に無理です。

個別の事情に対応できないだけではありません。キャッシュがないと、資金繰りが苦しくなって倒産するリスクが高まります。利益が出ているのに、資金繰りに失敗して会社がつぶれた例はいくらでもある。倒産すれば、社員やその家族が路頭に迷います。

無借金は社長の「犯罪」

長期視点でも無借金はダメです。キャッシュが潤沢でないと、積極的に投資しづらくなり、未来のメシのタネを生み出せなくなります。**無借金は、理想どころか、むしろ悪。社**

長の**「犯罪」**です。借金は、することが正しい。

どうして数字のプロである税理士や会計士がトンチンカンなことを言ってしまうのか。それは、多くの税理士事務所が社員10人以下の零細事務所だからです。10人以下で回る事業は個人事業主とほぼ同じ感覚でいいので、たしかに借金しなくても何とかなります。その感覚を中小企業の経営に持ち込むからピントがズレる。

ランドマーク税理士法人（神奈川県、税理士事務所）を率いる清田《せいた》幸弘代表も同じ感覚でした。同法人は開業16年で売上9億円と順調に伸びていて、90名の社員を抱える大きな事務所になっていたにもかかわらずです。

清田代表は、会計業界特有の無借金経営を自慢する堅実経営に徹していました。ただ、そのころは資金繰りに苦労し、いつも預貯金の残高を気にしていた。経理担当者とお金の工面に四苦八苦の毎日。それにもかかわらず、銀行からの借入れはまったく考えていませんでした。お金のことを常に心配するのが経営だと思い込んでいたのです。

転職者が多いことに悩んで清田代表が武蔵野の「実践経営塾」に入会したのは、2015年春。差し迫った必要もなかったが、私は無借金経営のデメリットを説き、清田代表は4つの銀行と信用金庫から2億円の借入れをした。

無借金経営の看板を下ろしたあとはどうなったか。

潤沢な資金を活用して**前年比115％成長を3年続け、社員は150名に増えた。売上は18億円で、3年で2倍**に。いまや神奈川県でもトップクラスの税理士法人です。

税理士や会計士は数字のプロですが、経営がわかっているかどうかは別の話です。それなのに、税理士や会計士の書いた決算書の読み方、数字の見方を鵜呑みにしてしまう社長がなんと多いことか。社長が知らなければいけないのは、あくまでも**実務で役に立つ数字**です。そこをはき違えてはいけません。

経営は「率」ではなく「額」

数字をかじった社長がやりがちな勘違いをもうひとつ挙げましょう。

それは、数字を「額（量）」ではなく「率」で見てしまうことです。

粗利益率20％で売上1億円のA事業と、粗利益率5％で売上10億円のB事業があります。

会社にとって大切な事業はいったいどちらだと思いますか？

数字を「率」で考える社長は、A事業のほうが優良だと考えます。A事業の原価は8000万円で、B事業の原価は9億5000万円。B事業のほうが多額のお金がかかっているのに、粗利益率が低くて資金効率が悪い。だからB事業よりA事業が優秀だ、というわけです。

これが間違いであることは、利益額を計算してみるとわかります。A事業が生む利益は2000万円。それに対してB事業の利益は5000万円。額で考えれば、会社に貢献しているのは圧倒的にB事業のほうです。

このことを理解していない社長は、A事業にエース級の社員を集めてB事業をガタガタにしてしまう。屋台骨がグラつけば、会社そのものが傾きます。

率より額（量）が大切なのは、お金に限った話ではありません。

ラーメン店の店内を思い浮かべてください。多くの店はカウンター席中心のレイアウトになっています。ラーメン店で最も多いのはひとり客。2人がけや4人がけのテーブル席ではムダなスペースが生まれるので、カウンター席にして効率を高めています。

ところが、ラーメン激戦区である東京・五反田の人気店「すごい煮干ラーメン凪《なぎ》　五反田西口店」は、あえて効率の悪いテーブル席ばかりのレイアウトに改装して成功しました。なぜか？

他店ではくつろげないカップルやファミリー層が押しかけて客数が増えたからです。もちろん、テーブルの座席数にぴったりの客ばかりがくるわけではないので、デッドスペースは生まれます。しかし、スペース効率が悪くなる以上に客数が増えれば問題ない。「率」より「量（客数）」に注目したゆえの勝利でした。

経営を支えるのは、「率」ではなく**「額」**です。ところが税理士や会計士の多くは、ココでも「率」を強調します。彼らが企業を評価するときに使う指標を見てください。「総資本利益率（ROA）」「自己資本利益率（ROE）」「自己資本比率」「売上高営業利益率」「総資本回転率」。みんな率です！

はっきり言って、これらの指標を理解したところで何の役にも立ちません。

たとえば、「総資本利益率（ROA）」は全業種平均が3％程度（製造業4％、非製造業2・6％程度）で、それ以上だと優良企業といわれますが、それは固定資産をたくさん持っている大企業の話。身軽な中小企業が2～3％程度なら、決していい水準ではありません。

　このように企業規模で指標の見方が変わってしまい、じつに使いづらい。社長が使う指標としては観念的すぎて、経営の道具として役立たない。

　先ほど、経営数字は足し算と引き算ができれば十分だと言いました。**率は割り算ですから、必要ない**。数字に苦手意識がある人は率を捨てていいし、数字を率で見るクセがついてしまった人は、基本の**「＋」「－」に立ち返る**べきです。

数字は行動を変えるために見る

　もうひとつ、数字の見方について重要なことをお伝えしましょう。

　それは**「数字は行動を変えるために見る」**ことです。

　本書は、決算書の読み方を詳細に解説する本ではありません。決算書には、過去の実績や現在の状態を示す数字が載っています。過去を分析したり現状を把握したりすることは大切ですが、数字を穴のあくほど見続けたところで会社の数字は変わらない。時間のムダです。会社を変えるには、社長が**「決断」して「行動」**する。数字は、あくまでも決断と行動を促すためのきっかけにすぎません。

数字は道具で、そこそこ使えれば雑でもいい。道具に凝りすぎて決断や行動が遅れるよりマシです。

複数の事業を展開している株式会社近森産業（高知県）の白木久弥子《しらきくみこ》社長は、もともと東京で活躍していた公認会計士。家業を継ぐことになって高知に戻り、不採算事業に次々とメスを入れていきました。さすがは会計のスペシャリストで、1年で見事に赤字が解消されました。

しかし、問題はそこからです。会計の専門家であることと、経営の専門家であることは違います。会計の専門家はマイナスをゼロにすることはできても、ゼロからイチをつくることはできない。そこは経営者の領域です。

会計の専門家には、もうひとつ弱点がありました。数字に厳密すぎて、決断や行動が縛られてしまうことです。

武蔵野の「実践経営塾」では、受講する社長に合宿してもらい、5年で売上を2倍にする経営計画を立ててもらいます。5年で2倍だと、**1年で前年比約115％成長**が必要です。起業直後の会社ならともかく、成熟産業ですでに何年もやってきた中小企業にとって、前年比115％成長はかなり高いハードルです。

白木社長も当然、そう考えました。会計のことがよくわかっているだけに「どう計算しても無理」「常識ではありえない」という思いは人一倍強かった。

しかし、合宿に参加した社長は5年で売上を2倍にする計画を立てないと合格をもらえず、帰れません。白木社長は内心では無理だと思いつつ、帰るために仕方なく2倍にする計画を立てた。中身は、はっきり言ってアバウトです。

すると、何が起きたか。

前年比115％成長させなければならないと決めると、すべてがそこに向けて動き出します。目標を意識することによって、日々の決断のひとつひとつ、行動のひとつひとつが変化する。実際、近森産業は食品事業と学校制服販売事業が伸びて、売上5億4000万円、経常利益1700万円（2016年3月期）から、売上5億5700万円、経常利益2300万円（2017年3月期）になった。売上は3％増にとどまったものの、**経常利益は35・3％も増やしている**。常識では無理だった目標を軽々とクリアしました。

もし白木社長が元公認会計士らしく厳密な数字にこだわっていたら、無難な計画しか立てられず、いまのような成長はなかったでしょう。数字はあくまでも道具です。自分の決断や行動にドライブがかかるなら、**細かなところはテキトー**でいい。

本書は会計や財務の専門知識を紹介する本ではなく、社長と幹部が数字を使って自分自身や社員を変え、会社からお金が出ていかずに稼げる体質へと変えるための本です。

会社をよくするのに、数字に関する高度な専門知識や分析は必要ありません。最低限コレだけを見ていればいいという数字だけを理解して行動につなげれば、**誰でも会社を強くできます**。

末筆になりましたが、執筆のお手伝いをしてくださった村上敬《けい》さんと、執筆のチャンスをくださったダイヤモンド社の寺田庸二さんに心から感謝申し上げます。

2017年12月吉日

株式会社武蔵野 代表取締役社長　小山 昇

目次

第2章

銀行から無担保・無保証で借りる3つの方法

第3章

社長は「B／S」のココだけ見ていればいい

第4章 赤字から黒字へ！「数字は人格」でV字回復

第5章 社員を「数字」で育てる

第1章

会社の命運は「キャッシュ」が握っている

現金があれば、会社は倒産しないカラクリ

経理資料に数字がたくさん並んでいるのを見ると、頭が痛くなる社長は多い。

数字アレルギーがあるなら、まずは**たったひとつの数字**だけ見てください。

それは**キャッシュの額**。これさえ押さえておけば、あとはどうにでもなります。

キャッシュとは、**現金と、いつでもすぐに現金に換えられる普通預金**です。

定期預金や有価証券はキャッシュとみなしません。定期預金は借入れの担保になることもあり、自由に解約できないのが実態です。

社長はなぜ、この数字を最優先で見るべきか。

それは**キャッシュが会社の命綱**だからです。

世の中には、会社が倒産するのは赤字だからだと考えている人がいます。

しかし、それは違う。

会社が倒産するのは、取引先への支払いや銀行への返済ができなくなり、資産を売却してもキャッシュがどうにもならない状況になったときです。

支払いや返済ができるなら、事業がどれだけ赤字でも会社は存続できる。実際、創業したばかりのベンチャー企業はたいてい赤字ですが、その状態を〝倒産〟とは言いません。運転資金が尽きて支払いができなくなったときに会社はつぶれます。

会社は黒字でもつぶれる

また、わが社は黒字だからつぶれない、というのも間違いです。

２００８年に起きたリーマン・ショックでは、多くの上場企業が倒産に追い込まれました。２００８年度に限れば、その**約2分の1は〝黒字倒産〟**でした。

黒字でも会社が倒産したのは、仕入代金などの支払いと、売った代金の回収のタイミングにズレがあり、支払手形の決済等ができなかったからです。

80万円で仕入れた商品を１００万円で売れば20万円の黒字ですが、多くの商売ではお客様から100万円をもらう前に仕入代金80万円を取引先に支払わなくてはいけません。このとき、キャッシュがなくて支払いができなくなると倒産します。

このカラクリがわかると、じつは事業がグングン成長している企業のほうが自転車操業になりやすく、倒産リスクは高いことがわかるでしょう。

具体的に計算すると、銀行格付（格付は1～10で、最優良が1、59ページ参照）が「7」の会社が、何も策を打たないまま前年比125％の増収増益を3年間続けると、資金がショートして倒産する。**黒字は決して安全を意味しない**。

赤字でもキャッシュがあれば生き延び続けられるし、黒字でもキャッシュが底を突けばつぶれます。会社の生き死には、まさしくキャッシュ次第。

経営は現金に始まって現金に終わる。

社長は何よりも優先して自社のキャッシュを把握すべきです。

「損と得とあらば損の道をゆくこと」の意味

キャッシュの役割は、会社の倒産を防ぐことだけではありません。会社を経営していれば、あえて損をしなければならない場面が必ずやってきます。キャッシュはそのときのために使います。

ダスキンの経営理念に「損と得とあらば損の道をゆくこと」という一節があります。当初、私は会社とは利益を出すところだと思っていたので、創業者の故・鈴木清一《せいいち》社長に「進むべきは得の道ではないのですか」と疑問をぶつけました。

すると鈴木社長は「小山君のおっしゃるとおり」と言う。いったいどっちなのかと混乱しましたが、真意はこうでした。

会社経営には、大切なもののために損をしなければならないときがくる。そのとき迷わず損の道を進めるように、**普段は頑張って利益を出しなさい**——。

私がキャッシュを重視する理由のひとつが、まさにこれです。

ある年、経営サポート事業でこちらから3社のお客様にお引き取りいただき、すでにいただいていた代金を全額返金したことがあります。経営サポート事業の目的は、社長が幹部と一緒に学んで会社をよくすること。自分ひとりで勉強して満足するだけのセミナーマニアの社長とは方針が合いません。お互い不幸になるので、丁寧に説明してお引き取りいただきました。

返金額は3社で2100万円。正直、これだけの大金（利益）を失うのは痛い。しかし、目先のお金ほしさに方針から外れたことを許してしまったら、事業の根幹が揺らぎかねない。たとえ損をしてでも、貫くべきことは貫かなくてはいけない。

私が躊躇《ちゅうちょ》なく〝損の道〟を進めたのも、キャッシュを潤沢に持っていたからです。もしキャッシュに余裕がなければ、損をすべき場面で損をすることができず、大切なモノを失っていたかもしれません。

本書の冒頭に紹介したモリチュウの森社長も、キャッシュがあったから病気の営業部長を救うために飛行機をチャーターできました。キャッシュは、会社という容れ物だけでなく、**そこに込められた理念や想い、働く社員の命や生活を守るためにあります。**

なぜキャッシュは〝月商の3か月分〟必要なのか

会社の命運を握るキャッシュ。具体的には、どうやってチェックしたらいいのでしょう

図表1　武蔵野の売上と現預金残高の推移（2007〜2017年）

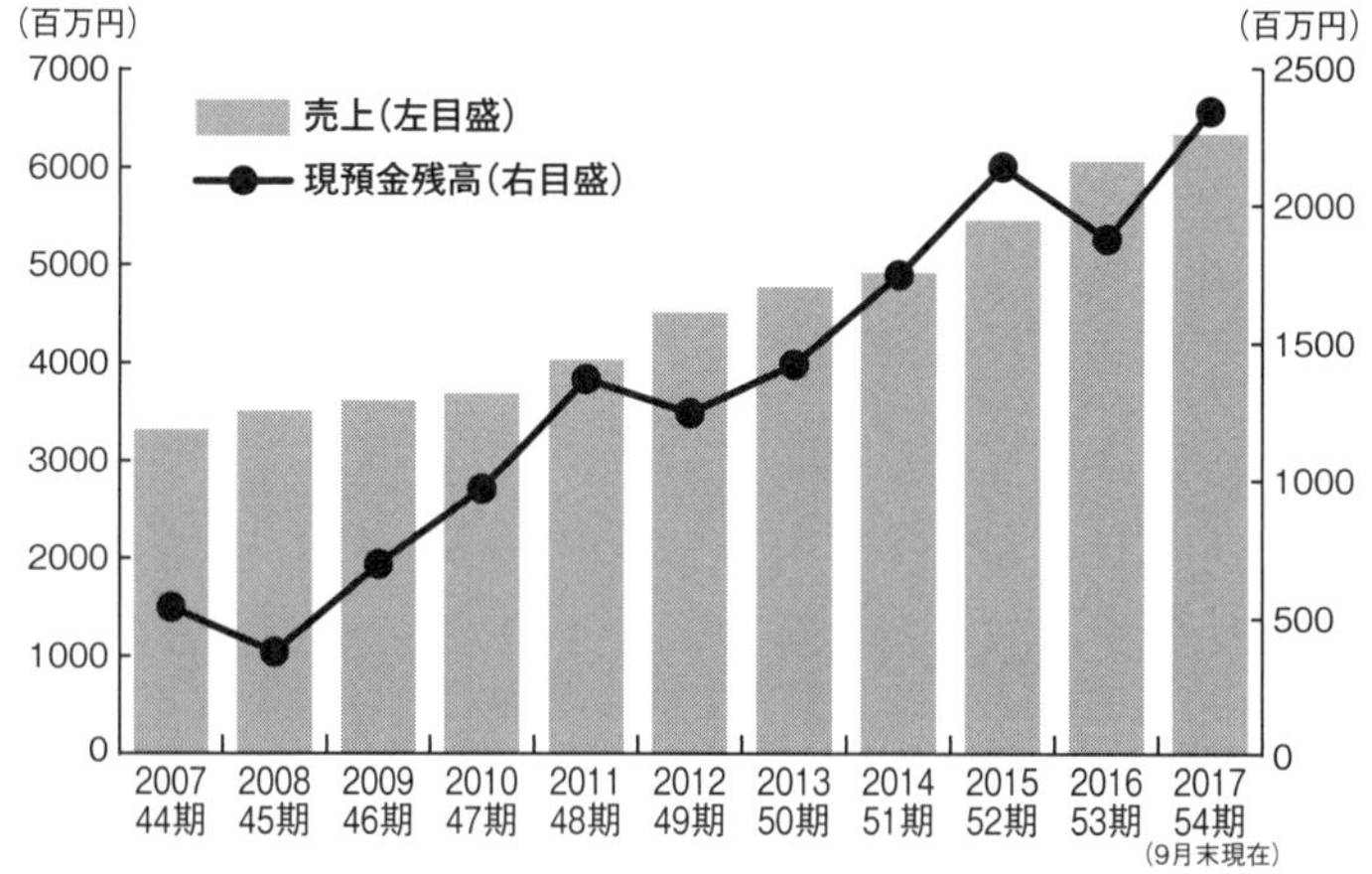

か。

キャッシュ額は、決算書のひとつである「B／S（貸借対照表）」に載っています。

勘定科目の**「現金」**と**「普通預金」、「当座預金」の合計がキャッシュ**です。中小企業は年次でしかB／Sをつくらないところが多いですが、会社の現状を正確に把握するために**「月次」**でつくってください。

キャッシュについては、月次でも不十分です。

私は毎日、経理からのメールでその日のキャッシュ額を把握しています。ほかの数字も会議などで定期的に見ていますが、キャッシュだけは出張で社外にいようが海外にいようが**毎日必ず確認する**（↓図表

1）。それくらい重要な数字です。会計ソフトをカスタマイズすれば、日次でキャッシュを出すのは簡単にできます。

では、どれくらいキャッシュがあればいいのか。

目安の基準になるのは「月商」です。キャッシュの額は〝緊急支払能力〟を表していますが、最低限、月商と同額以上はほしい。**理想は月商の3か月分**。それだけあれば、顧客企業の倒産といった予想外のアクシデントが起きても、しばらく耐え忍んで次の一手を打てます。

攻めの投資はキャッシュがあればこそ

キャッシュは、会社を守る最後の砦《とりで》です。ただし、守りはキャッシュの役割の一面にすぎません。

私がキャッシュを最も重視しているもうひとつの理由は、**未来への投資の原資**になるから。守るだけでなく、攻めるためにもキャッシュは必要です。

いくら利益が上がっていても、未来への投資をやめた会社はそのうち窮地に陥ります。イメージしやすいのは装置産業でしょう。長崎のハウステンボスはオープン当初人気でしたが、その後アトラクションが古くさくなり、入場者数が激減して2003年に会社更生法の適用を申請した。お客様がきていることにあぐらをかいて、新アトラクションへの投資を控えた報いです。

ハウステンボスはベンチャーキャピタルの支援を受けたあと、さらにエイチ・アイ・エスが引き継ぎました。新社長は積極的に投資をして、新アトラクションを次々につくった。いまは復活して入場者数は絶好調。投資がいかに大切か、じつにわかりやすい例です。

他店より20％高くても、お客様がひっきりなしにやってくる理由

中小企業であっても事情は同じです。

ネットカフェ・まんが喫茶「メディアカフェポパイ」をフランチャイズ展開するタイムス株式会社（広島県）の高畠《たかはた》章弘社長は、積極的に設備投資をして店舗に最新のパソコン

を置いています。一般的なネットカフェは、購入したパソコンを7〜8年も使いますが、タイムスが運営する店は5年で入替。全部で約2500台あるので、毎年500台ずつ最新のものに切り替えています。

まだ使えるのにもったいない？

そう考える方は、お客様の心理がわかっていない。高畠社長はこう教えてくれました。

「お客様は何度もリピートしてくれますが、来店のたびにパソコンのスペックに大きな差があると、不満を感じて去っていきます。7～8年かけて入れ替えていたら、一番古い機種と最新機種に差がありすぎる。5年ならストレスなく使ってもらえます」

じつはメディアカフェポパイの料金は、周辺のネットカフェに比べて**15～20％高い**。それでもお客様がひっきりなしにくるのは、設備投資を怠らずに顧客満足度を高めているからにほかなりません。

しかも、5年経ったパソコンは、お客様に格安で販売している。その売上で再投資する費用の一部がまかなえる。設備は新しくなるし、ハイスペックなパソコンを2万円前後で買えるお客様もお得。賢い戦略です。

前年比150%成長の秘密

投資の対象はモノに限りません。スキンケア商品の通信販売を行う株式会社未来（愛知県）の山口俊晴社長がお金をつぎ込んでいるのは、宣伝広告費です。

通販事業は店舗がないので、新規顧客獲得のために広告宣伝にお金をかけるのは当然と思われるかもしれません。しかし、新規の顧客獲得にお金をかけ続けるのは、できそうで案外できない。

商品の認知度が低いときは、広告宣伝にお金をかければかけるほど認知度が高まって顧客が増えます。しかし、市場にいったん認知されたあとは宣伝効果が低くなり、さらにお金をかけないと新規顧客を獲得できなくなります。そこで多くの社長は、既存客とのつながりを強くするためにお金をかける。これが普通の社長の発想です。

山口社長も既存客に対してお金をしっかりかけています。ただ、新規獲得の広告宣伝を減らしたわけではなく、むしろ増やしているところが並みの社長ではない。費用対効果は下がるので、顧客獲得コストはひとり6000円から7000円に上がった。しかし、その一方で**売上は前年比150%成長**。惜しまず投資をすれば、それ以上のリターンが返ってくる。

このように未来へ投資するには、原資となるキャッシュが必要です。キャッシュは会社を守る盾《たて》であると同時に、**会社の成長を促す武器**にもなる。まさにキャッシュが会社の命運を握っています。

投資先は「お客様増」「社員教育」「インフラ整備」の3つだけ

会社を継続的に成長させるには投資が必要です。

といっても、財テクはダメです。利益が出たら株でひと儲けをたくらむ社長がいますが、自分の会社さえよくわかっていない社長がほかの会社を理解できるはずがない。

地方を中心に不動産投資を行うゴールドスワンキャピタル株式会社（東京都）の伊藤邦生社長は、元大手証券会社で債券、為替、デリバティブのトレーダーでした。

当時は数百億円、時には数千億円の取引を日々行っていましたが、いまでは「証券投資は1円もしない」と言い切っています。いくらベテランとはいえ、現在マーケットで取引しているわけではないので、常にプロ同士が戦っている投資の世界では簡単に儲けることが難しい。会社で稼いだお金は、自分の会社に投資したほうがいい。それが元敏腕トレーダーの判断です。

他社の株を買っても痛い目に遭うだけですから、いますぐ売り払ったほうがいい。投資対象は、あくまでも自社です。

具体的なお金の使い道は次の3つ。

1番目は、**お客様の数を増やす**。

2番目は、**社員教育**。

3番目は、**インフラ整備**。

先に紹介したタイムスや未来の例は、1番目の「お客様の数を増やすこと」に投資したケースです。

2番目の「社員教育」も重要です。武蔵野は今期（2017年度）、社員教育に**1億円**使っています。売上63億円規模でこれだけ教育費をかけている会社は少ないかもしれません。会社の方針を決定するのは社長の私ですが、それを実践するのは管理職、そして現場の社員です。わが社が増収を続けていられるのも、社員教育に多額の投資をして社員が成長しているからです。

最後の「インフラ整備」とは、業務を効率化し、情報共有するＩＴを中心とした投資です。

環境測定・分析を取り扱う株式会社三井開発（広島県）の本社に行ったときのことです。オフィスに入ると、机が大量の紙で埋もれています。明らかに作業効率が悪いので、三井隆司社長に思わず、

「この会社はヤギを飼っているのか？」

と言ってしまいました。

私のイヤミがこたえたのか、三井社長は約1億円を使ってシステムをつくり、ペーパーレス化を実現。効率化されれば人件費が浮き、投資分を回収できます。三井開発はほかの施策の効果もあって、今期（２０１７年度）は**過去最高売上を更新**しています。

四国、九州、中国地方でビジネスホテルを展開する株式会社川六（香川県）も、インフラ投資で飛躍的な成長を遂げた会社のひとつです。従来はお客様のチェックアウト後、部

屋の掃除についての連絡を内線電話で行っていました。本社のホテルは約３００室近くあるので、チェックアウトが集中する午前10時すぎは内線電話が鳴りっぱなし。フロント業務は進まず、スタッフの動きにもムダが生じていました。

宝田圭一社長はこの状況をカイゼンするために、スタッフ全員にｉＰａｄを持たせて、掃除が終わったらその場で入力する仕組みをつくりました。その結果、掃除についての内線電話がゼロになり、フロント、客室現場ともに業務が効率化。システム導入後、**生産性は5倍**になりました。

お客様増、社員教育、インフラ整備――この３つに適切に投資し続ければ、会社は継続的に成長していけます。

投資額は大きいほどいい

ラスベガスに社員旅行に行ったとき、ケチな社員は10万円を握りしめてカジノに行き、倍の20万円にしよう（２００％の儲け）と無理な賭けをしました。私は１００万円持っていき、110万円にする戦略（110％の儲け）で賭けをした。どちらも目標利益は10万円です。社員はオッズの高いルーレットに張るしかないので、案の定負けでした。

私は、ブラックジャックで弱いディーラーを狙って賭ける安全策で難なく勝てた。大事なのは、率ではなく「額」。タネ銭が大きければ、無謀なことをしなくてもリターンをしっかり得られます。

経営における投資も同じです。たくさんキャッシュを持っていると、ケチらず投資できる。未来への投資は、額が大きいほど有利です。

未来のためにできるだけ多く投資したいが、投資すると肝心のキャッシュが減ってしまうのでは——？

そこに気づいた社長は鋭い。投資は大切ですが、キャッシュが薄くなるほどの多額の投資をすると、会社の倒産リスクが高まります。

具体的には、緊急支払能力が月商の1〜3倍を割り込む投資は危険です。

投資額は大きければ大きいほどいいですが、万が一のときにも耐えうるだけのキャッシュは残しておかなくてはいけません。そのラインを下回るようであれば投資も我慢です。

理想は、大きく投資しても困らないように、**全額銀行借入れするのが正しい**。社長はそこに頭を使うべきです。

借金とは、金利で〝時間を買う〟こと

キャッシュをつくる方法は、**「①事業で利益を出す」「②減価償却する」「③銀行から借り入れる」**、この3つしかありません。

「①事業で利益を出す」は、どの社長も好きです。会計が多少わかっている社長は、「②減価償却」にも積極的です。カルモ鋳工《ちゅうこう》株式会社（兵庫県、アルミ加工）の髙橋直哉社長は、生産設備に投資して特別償却した。早く償却すれば、利益を前倒しで減らして税金を安くすることができる。税金が安くなった分、手元にキャッシュが残ります。

ところが、多くの社長は「③銀行から借り入れる」ことをしたがらない。無借金経営こそよい経営であり、お金に困ってないのに金利を払って借りるのはバカだと考えています。

しかし、その考えは大いに間違っています。

借金を嫌う社長は、借金とは金利を払ってお金を借りることだと思っている。ところが

本当は違う。

借金は、**金利を払って「時間」を買っている。**

これはどういうことか。

トイレットペーパーを製造販売している鶴見製紙株式会社（埼玉県）は、かつて借入金が40億円以上ありました。金利の支払いだけで年間1億円近く。里和永一社長は金利を払いたくないので、借金を返済すると言い出した。私は里和社長の弱みをいろいろ握っているので、「絶対にダメだ」と強引に借入れを続けさせました。

その直後に起きたのが、２０１１年3月の東日本大震災です。震災後の電気・ガス料金の値上げにより、利益率の低いトイレットペーパーはつくればつくるほど赤字に。出荷量が2桁で伸びましたが、同時に赤字も2桁で膨らみました。

しかし、鶴見製紙は倒産しなかった。赤字でもキャッシュがあったからです。

赤字を垂れ流していれば、いつかキャッシュが尽きて倒産します。

しかし、２０１４年の消費税率引上げで事態が好転しました。里和社長は税率が変わったタイミングでトイレットペーパーを1円以上値上げした。年間5億ロールつくっているので、単純計算すると1円の値上げで**経常利益が5億円増える。**これで黒字転換です。

震災から消費税率引上げまでの3年間、里和社長は毎年1億円の金利を払い続けました。金利負担は決して軽くありませんが、それをケチって長期借入金を全額返済していたら、会社は間違いなくつぶれていました。

里和社長は、**計3億円を銀行に払って、経営を立て直すために、3年間の時間を買った**。これが借金の本質です。

その後、里和社長は借入れをさらに増やしています。いまは長期借入金が84億円で、うち47億円は使わずにキャッシュで持っている。47億円はいつでも返せますが、あえて金利を払って借り続けています。借金は金利で時間を買うことだと身をもって理解したからです。

考えてみてください。利益が出ても、その半分は税金で国に納めます。ならば、その税金を金利の原資にして借入れし、キャッシュを増やせばいい。

国に税金を納めるのは、とても立派なことです。しかし、会社がピンチのときに税務署が助けてくれるわけではない。いざというときに頼りになるのは、**国ではなく〝キャッシュ〟**です。同じお金を払うなら、借金の金利として払ったほうが会社のためになります。

会社は「借金まみれ、モノ持ち悪い」が正しい

借金の目的は、金利を払って時間を買うこと。これは守りのための借金です。

一方、キャッシュには**投資という攻めの役割**もあります。果たして借金して金利を払ってまで投資するのは正しいのでしょうか。

答えはYESです。

多くの社長は、借金はダメで、モノを長く使うことがよいと考えています。たしかに個人はできるだけ借金しないほうが安全で、モノを大事にして長く使うことが美徳です。

しかし、**会社は逆**です。

モノはなるべく早く捨てて、新しいモノを買うために借金をするのが正しい。

1時間に1万円分の生産をする3000万円の機械があり、この機械は5年使えるとします。しかし機械を導入して3年目に、40分で1万円分の生産をする機械が5000万円で発売されました。ココで、「前の機械はまだ使える。捨てるのはもったいない」と新し

い機械に買い替えない社長は、数字がわかっていません。

新しい機械は1時間で1万5000円分の生産ができます。年間の固定費は400万円増えますが、機械を買い替えれば1時間稼働するたびに5000円分の粗利がプラスになります。1日8時間、年200日稼働で**800万円の粗利が増えます**。

古い機械は会計上、**「除却損」**の勘定科目で経費として落とせます。

3000万円の機械でこれまでの減価償却が1800万円だとすると、残りの1200万円が〝除却損〟です。経常利益3000万円の会社なら、除却損を計上することで税引後利益は1800万円に。経常利益3000万円のままならざっくり税金は1500万円ですが、除却損を計上すると税金は経常利益1800万円の半分で900万円。**600万円の節税効果**が生まれます。

新しい5000万円の機械を買うために金利1％で借入れしたら、利子は50万円です。50万円など、節税効果600万円に比べたら微々たるもの。「金利がもったいない」という考えがいかにバカげているか、これでわかるでしょう。

新しい機械の代金もすぐに回収できます。代金5000万円から節税効果の残り550万円を引くと、4450万円。新しい機械で粗利は年800万円増えます。

2億4000万円の投資を3年で回収

このような細かな計算が苦手でも大丈夫です。社長が**「機械はできるだけ最新のものにする」**ということさえ知っていれば、あとは結果オーライでうまくいきます。

実際、鶴見製紙の里和社長がそうでした。鶴見製紙は、かつてトイレットペーパーを段ボールに詰めて取引先に送っていました。段ボールは取引先ごとに商品名を印刷する必要があり、印刷を外注したり日々の在庫を管理したりするのに**毎年多額のコスト**がかかっていた。そこで里和社長は、段ボールではなくコストの安いクラフト紙で巻き、商品名はインクジェットで吹きつける梱包方式に変えた。新しい機械は1台4000万円で6台導入。全部で2億4000万円の投資です。この設備投資で**多額のコスト削減効果**があったので、金利を含めても3年で回収できました。いまは機械を動かすほど得をしています。

じつは里和社長は細かな数字のことを理解して導入を決めたわけではありません。いい人だから、これ以外の機械を売りつけにくる株式会社大善《たいぜん》（静岡県、製紙機械・資源循環プラント製作、井出丈史《たけふみ》社長）の餌食になっている。

ただ、機械は新しいほうがいいということをよく知っていたし、積極的に借入れをしていたので、設備投資できるキャッシュがあった。だから結果的に得する決断ができたのです。

2年で売上ゼロから2億円の理由

私と一緒にごはんを食べたりお酒を飲んだりする社長は、いつも分厚い財布を持っています。ジャンケンをして負けたひとりが、全員分のお勘定を払うルール（シェアジャンケン↓『1日36万円のかばん持ち』140ページ参照）だからです。人数や場所によって1日10万円を超える支払いになるので、なかなか過酷です。

社長は、自分の飲食代を払えるポケットマネーを持っています。

割り勘なら誰も困らないのに、わざわざジャンケンをして、ひとりに多額のお金を使わせるのはなぜか。

投資に及び腰になっている社長の金銭感覚を壊すためです。

会社で使うお金と個人で使うお金は桁が違います。事業への投資を個人の金銭感覚でとらえていたら、足がすくんで投資できなくなる。だから社長は正しく投資ができるように、普段から頭を会社の金銭感覚に変えていきます。

田舎のスナックで飲めば、せいぜいひとり3000〜5000円程度です。

一方、歌舞伎町でジャンケンに負けると3万円です。**10倍違う理不尽な経験**を何度か積み重ねると、個人の金銭感覚が狂ってきて、「2000万円の投資？ どうぞどうぞ」と軽くハンコを押せるようになる。ジャンケンで負かすのはそのための訓練です。

株式会社丹後（愛媛県、タオル製造、株式会社愛媛総合センターも運営）の丹後博文社長は、もともと保険販売業をやっていましたが、取引が打ち切られて倒産寸前になっていたタオル工場を知人から頼まれて譲り受けました。取引先がなくて売上はゼロですが、社員の給料だけは毎月出ていくマイナスからのスタートです。しかも、製造業はド素人。経営サポート会員の先輩社長たちを質問攻めにして、手探りで経営を始めました。

先輩のアドバイスがよかったのか、タオル製造業は軌道に乗りました。丹後社長は、15人分の食事代15万円がかかったジャンケンで、「感謝のグー」と宣言してからグーを出し、わざと負けてみんなに感謝の気持ちを示した。

お酒が大好きな丹後社長らしいエピソードですが、私が強調したいのは人柄ではありません。丹後社長は、**払う義務のない15万円を躊躇することなく払った**。これくらいの思い切りのよさがあれば投資もひるまない。タオル製造は売上が**2年でゼロから2億円**になった。この調子で投資をすれば、さらなる成長が期待できます。

奥さんに経理をやらせてはいけない

個人の金銭感覚が投資の邪魔になるという点では、奥さんを経理にしている会社もよくない。

創業当時、人手不足とお金がなかったので奥さんに経理を手伝ってもらい、そのまま奥さんが経理を牛耳っている会社は少なくない。その奥さんが主婦感覚で経理をしていたら、1円単位のコストカットが進むと同時に、100万円単位、1000万円単位の投資にもブレーキがかかります。

経営サポート会員のなかには、奥さんに経理を任せている社長が何人もいます。

「家庭に専念するか、別の仕事をしてもらえ」とアドバイスすると、「怖くて言えない」と言う。気持ちはわかるので、奥さんを会社見学会や「幹部塾」に連れてきてもらい、私から話をします。

埼玉県で廃棄物処理業を営む株式会社小林茂商店の小林弘之社長もそのひとりです。

「小山さん、妻に話してもらえませんか」

そのように相談されたので、私は奥さんを「幹部塾」に出させ一緒に食事をした。運がいいことに奥さんから、「どうしたら会社が大きくなりますか？」と聞かれたので、間髪入れずに「奥さんが経理のままではなれません」と答えた。

奥さんに経理をやらせてはいけない。個人の感覚で社長の方針に反対するからです。経理はほかの人に任せて総務に変えてください。小林茂商店では、**奥さんが総務に変わったところ、3年で売上倍増、新工場**も立ち上がった。

旦那から言われるとカドが立つことも、第三者から言われると納得しやすい。奥さんが引いてくれた会社の多くは、投資額が増えて成長していきます。

前年比200％ペースで成長中の新ビジネス

最後に、〝借金してまで投資するのはどうしても怖い〟という社長に、エピソードをもうひとつ紹介しましょう。

九州でラーメン店やイタリアン、地鶏専門店など20店舗を展開するゴールドプランニング株式会社（大分県）の吉岩拓弥社長は、かつて「借金は絶対にしない」と心に誓っていました。25歳のとき、事業に失敗してお金が回らなくなった父親が自殺。その強烈な体験から、吉岩社長のなかに「借金＝悪」というイメージが刷り込まれていました。

「会社を継いで数年はとにかく借金の返済だけを考えていました。小山社長に『逆だ。借金しろ』と言われても、心情的に納得できなくて……」（吉岩社長）

しかし、出店攻勢をかけるには借金が欠かせません。当初は銀行1行から細々と借りているだけでしたが、店舗数の拡大とともに借入先は7行に。そのことが功を奏したのは、新規事業に乗り出したときです。

「従来から自社店舗で使う麺をセントラルキッチン方式でつくっていました。小山社長から『いい麺だから、周辺のライバル店にも売ったらいい』とアドバイスされて、製麺事業に進出。最新の製麺機は**5000万円**もしましたが、借金してキャッシュがあったので躊躇なく設備投資ができた。その結果、製麺業は**前年比200%ペースで成長**。たくさん借りていてよかったです」

個人では、借金で苦しんでいる人が大勢います。だから個人が「借金は怖い」「借金してまでなんか買いたくない」と考えるのは正しい。

しかし、会社は違います。個人の感覚で投資のことを考えていたら、成長が止まります。**会社は、借金してキャッシュを持ち、それを未来に投資することが正しい**。そのことを胸に刻んでおいてください。

第2章

銀行から無担保・無保証で借りる3つの方法

メリーチョコレートが買収された意外な理由

銀行からの借入れは、キャッシュをつくる有力な手段のひとつです。

では、どうすれば銀行は中小企業にお金を貸してくれるのか。

税理士やコンサルタントはこう言います。

「自己資本比率が高くて健全経営をしていれば、いざというとき貸してくれますよ」

自己資本がたくさんあれば、万が一のとき貸したお金を回収しやすいので、銀行は喜んで貸してくれるだろうと思います。

しかし、これは**ウソ**です。

バレンタインデーの生みの親である老舗チョコレートメーカー、株式会社メリーチョコレートカムパニー（東京都）は、売上高経常利益率10％の超優良企業でした。経営は家族的で、同社の経営を見習いたいと思っていた中小企業の社長は多かった。

しかし、9期連続増収・増益の好業績だった2008年、為替デリバティブの資産運用で、突然数十億円規模の損失を抱えます。とはいえ、本業は絶好調。自己資本比率は会計士が太鼓判を押すほど高い。経営陣は、銀行に融資を頼めば当然のように貸してくれるものだと思っていたでしょう。

ところが現実は甘くなかった。銀行は融資をせず、最終的にロッテに会社を売らざるを得なくなった。借入実績がなかったからです。消費者はいまもメリーチョコレートを楽しめますが、会社はロッテの100％子会社です。**無手形は正しい。しかし無借金は正しくない！**

銀行は「この項目」を最も重視している！

多くの社長が一目置く超優良企業が、どうしてお金を貸してもらえなかったのか。

銀行は自己資本比率を大して重視していないからです。

銀行が見ているのは、**返済能力**です。これまで無借金でやってきた会社は借金の実績がないため、返済能力の評価が難しい。そのため自己資本があっても、銀行は融資に二の足を踏むのです。

銀行は融資の審査に際して企業を格付します。某都銀の少し前の格付表が図表2です。これによると、格付は129点満点評価。そのうち「1 安全性項目」の「自己資本比率」は何点あると思いますか？ **わずか10点**です。

儲かる事業かどうかもあまり重視されません。「2 収益性項目」にある3項目の配点合計は15点。利益率が高くて黒字を続けている事業でも、それだけで融資してもらえるほど甘くはない。

銀行が最も重く配点しているのは、**「4 返済能力」の55点**（3項目計）。全体の4割強の配点があります。この項目で点数を稼がないと格付は上がらず、審査も通りにくい。自己資本比率や収益性はあと回しでいい。**一にも二にも返済能力**です。

「返済能力」のなかで**「キャッシュフロー額」の配点は20点と高い**。私が口を酸っぱくして**「自己資本比率を見ている暇があれば、キャッシュを見ろ」**と言うのもおわかりいただけるでしょう。

図表2　武蔵野の第53期、54期（計画）、59期（計画）の長期財務格付

項目	第53期			第54期（計画）			第59期（計画）			説明
（単位：百万円）	結果	配点	点数	結果	配点	点数	結果	配点	点数	
1　安全性項目	53期経常利益：400.0									
自己資本比率	20.9%	10	3	29.4%	10	5	59.5%	10	9	自己資本（純資産）/総資本（負債+総資産）
ギアリング比率	245.4%	10	2	114.1%	10	6	25.3%	10	10	有利子負債（商業手形除く）/自己資本
固定長期適合率	42.1%	7	7	37.1%	7	7	16.0%	7	7	固定資産/（固定負債+自己資本）
流動比率	296.0%	7	7	223.3%	7	7	354.8%	7	7	流動資産/流動負債
2　収益性項目	52期経常利益：293.0									
売上高経常利益率	6.6%	5	5	23.0%	5	5	22.1%	5	5	経常利益/売上高
総資本経常利益率	9.9%	5	5	31.5%	5	5	21.9%	5	5	経常利益/総資本
収益フロー	3期黒字	5	5	3期黒字	5	5	3期黒字	5	5	
3　成長性項目	51期経常利益：201.6									
経常利益増加率	36.5%	5	5	385.0%	5	5	7.1%	5	1	（今期経常利益ー前期経常利益）/前期経常利益
自己資本額	843.1	15	6	1,813.1	15	7	8,163.1	15	12	
売上高	6,074.7	5	5	8,426.8	5	5	13,550.0	5	5	
4　返済能力	53期営業利益：413.0 53期減価償却費：72.0									
債務償還年数	4.3年	20	14	1.0年	20	17	0.6年	20	20	有利子負債（商業手形除く）/償却前経常利益
インタレスト・カバレッジ・レシオ	15.6倍	15	15	73.0倍	15	15	112.4倍	15	15	（営業利益+受取利息+配当金）/（支払利息+割引料）
キャッシュフロー額	485.0	20	6	2,047.0	20	12	3,228.3	20	14	営業利益+減価償却費
定量要因計		129	85		129	101		129	115	
100点法による採点		100	66		100	78		100	89	

スコア	格付	ポイント
90以上	1	リスクなし
80以上	2	ほとんどリスクなし
65以上	3	リスク些少
50以上	4	リスクがあるが良好水準
40以上	5	リスクがあるが平均的水準
25以上	6	リスクやや高いが許容範囲
25未満	7	リスク高く徹底管理
警戒先	8	現在債務不履行
延滞先	9	債務不履行でメドたたず
事故先	10	履行のメド全くなし

第53期格付判定
3

第54期格付判定
3

第59期格付判定
2

池井戸潤著『会社の格付』（中経出版）をもとに筆者がアップデートし作成

自社都合ではなく〝銀行都合〟に合わせる

「銀行が返済能力を重視するのはおかしい。収益性や将来性など、もっと事業の中身に目を向けるべきだ」

格付表を見て、このように憤《いきどお》る社長もいるでしょう。

しかし、その怒りはお門違いです。

会社の都合と銀行の都合は違います。「事業を見てほしい」は会社の都合。一方、銀行は貸付先の事業に興味がない。銀行は預金者から預かったお金を運用して利益を出すことが本業で、きちんと利子をつけて元金を返してくれる会社にお金を貸す。これが銀行の正しい経営姿勢です。

では、お互いの都合が違ったら、どちらの都合が優先されるのか。

強いほうです。会社がお金を借りたいと考えるときは困っているときですから、銀行の都合が優先されるに決まっている。そのことに文句を言っても仕方がない。

大切なのは、**銀行の都合にこちらが合わせる**ことです。

銀行は「晴れているときに傘を貸して、雨が降ったら傘を取り上げる」といわれています。ならば、晴れているとき、つまり経済環境が安定しているときに借りたほうがいい。リーマン・ショックのようなドシャ降りのときに急に借りようとしても無理です。

また、銀行側の基準に合わせて格付を高めることも必要です。具体的には、**返済能力**を高めることが一番です。

銀行の都合は時代によって変化します。最近、**銀行の8割は保証金（不動産）の額も評価の対象**にしているという情報を入手しました。

そこで私は、格付を自動的に評価するソフトに保証金（不動産）の項目を追加した。「保証金なんて関係ない」と思っていましたが、銀行が「保証金も見る」というなら、それに合わせる。貸すか貸さないのかを決めるのは銀行ですから、あたりまえです。

自分たちの都合を押しつけるなんて、銀行はわがまま？

じつは銀行も金融庁の政策が変わると、いろいろ振り回されます。金融庁の言うことを聞かないと、頭取のクビが飛ぶ。銀行は銀行で大変です。

みなさんは、「金融庁―銀行―会社」のピラミッド構造の一番下。会社も間接的に金融庁の都合に合わせざるを得ない。それが現実です。

金融庁の方針は、中小企業を苦しめています。金融庁は銀行を再編していくつかのメガバンクをつくりました。メガバンクは組織が大きくなりすぎて小回りが利かなくなり、地域の小さな資金需要に対応できなくなった。中小企業は、メガバンク化の弊害をモロに受けている。日本の会社の99%は中小企業で、中小企業の元気がなくなれば、日本経済の元気がなくなります。はっきり言って、メガバンク化は失策です。

しかし、会社は失策が正されるのをぼんやり待っているわけにはいきません。むしろ厳しい状況だからこそ、目の前の現実に適応して生き残りを図る必要があります。社長は**自社都合ではなく、銀行都合**で考える。これが現実に適応するということです。

指導700社中倒産ゼロ

借金は、することが正しい。しかし、返済が滞るほどの額を借りると、逆に会社はピンチに陥ります。適正な借入額は、果たしてどれくらいでしょうか。

返済能力は、**「経常利益の４分の１＋減価償却費＋予定納税額」**で計算します。これらの合計額の範囲内で借りている限り、返済期日が迫ってきても心配ありません。

注意したいのは**金利**です。３つの合計額がぴったりの額を借りると、金利の分だけきつくなります。借りるときには、あらかじめ金利分を考慮する必要がある。そこも含めて、いまはソフトが自動で計算してくれます。

私は、銀行の方針に合わせて資金計画できる「資金運用計画策定支援システム」を開発して、経営サポート会員全員に使用してもらっています。このシステムのおかげで**７００社以上の指導先で倒産はゼロ**です（じつは、このシステムの特許証が届き、特許権が発生しました）。

金利は低いほうがいい。ただ、中小企業は高望みをしてはいけません。

銀行が10億円を貸す場合、大手企業1社に10億円貸すのと、中小企業１００社に１０００万円ずつ貸すのとは、どちらが手間やコストがかかるか。

後者です。１００社に細かく分けて貸せば、稟議書も１００枚になる。人件費も余計にかかります。その分、金利を高めに設定するのは当然。「中小企業を差別するな」というのは、社長のわがままです。

変動金利より固定金利

金利にこだわるあまり、**変動金利で借りるのも危険**です。変動金利と固定金利は、借りるときは変動金利のほうが金利は低い。多くの社長は、それにつられて変動金利を選ぶ。私は逆に金利の高い固定金利を選びます。リスクが小さいからです。

いまは史上空前の超低金利です。金利を下げると円安になり、輸出企業は儲かって株価が上がる。国の都合で、日銀が意図的に金利を下げています。

ただ、異常な水準の低金利がもう10年以上続いています。異常が長く続けば、終わったときの反動も大きい。Xデーがいつかわかりませんが、そのうち金利は必ずガツンと上がります。

変動金利で借りると、途中で金利が上がったときに返済額が増えます。場合によっては、固定金利で借りたときよりトータルの返済額が増える可能性もある。

変動金利と固定金利のどちらが得か、結果はあとにならないとわかりませんが、**高い分**

は全額経費で落とせるので節税になります。

常に最悪の事態を想定して備えるのが社長の責務です。目先の金利に惹かれて、リスクヘッジが難しい変動金利で借りるのはよくない。多少金利が高くても、返済計画を着実に実行しやすい固定金利で借ります。

"定性情報3点セット"で銀行の評価がアップする方法

先ほど言いましたが、銀行が会社にお金を貸すときに最も重視するのは、**返済能力**です。借入実績がない会社が借入れを申し込んできたら、銀行は決算書を3期分提出させます。1期は粉飾ができても、3期続けて粉飾するのは難しい。もし3期も粉飾してバレなければ、それはそれで頭のいい社長です（もちろん粉飾は絶対にいけません）。いずれにしても銀行は3期分の数字を見て、貸すかどうかを判断します。

ただ、数字などの「定量情報」が優秀なだけでは不十分です。

銀行がお金を貸すときの流れはこうです。まず、支店担当者が貸したい会社の情報をまとめて稟議書を作成。それを上にあげて、最終的に支店長が決裁します。担当者が稟議をあげるとき、定量情報だけでは上の決裁がおりません。地銀ナンバー1の横浜銀行では、**「魂がない」**と突き返されます。

ココでいう「魂」とは何か。

数字に表れない**「定性情報」**です。

「社長はやる気があって、体力もある」

「社員がハキハキしていて気持ちよく働いている」

「工場が清潔で事故が起きる心配はなさそう」

こういった情報は、決算書に載っていません。しかし、つぶれない会社かどうかを判断する重要な材料です。だから定量情報だけの稟議はダメだと却下される。

定量情報は過去の情報、定性情報は現在の情報です。

定量情報のもとになる決算書は、経営者の通信簿。過去に行ってきた経営が数字になって表されています。

一方、定性情報は会社の体質を示す情報です。会社の体質がわかれば、未来を推測できる。だから一流の銀行マンほど定性情報に注目して、貸すかどうかを決めます。

では、銀行がお金を貸したくなる体質の会社になるには、どうすればいいのか。

私が勧めているのは、**「経営計画書」「経営計画発表会」「銀行訪問」**の3点セットです。

「経営計画書」は、会社のルール（規定・規則・方針）と目指すべき数字（事業構想・経営目標・利益計画）を明記した手帳です。

多くの会社は、会社の方針が社長の頭のなかだけにある。たまに幹部や一般社員に口頭で伝えますが、話し言葉だから受け取る側に解釈の違いが生じる。結果として、社員がバラバラの方向を向いています。

トップの方針が浸透していない会社に、銀行がお金を貸すと思いますか。

怖くて貸せません。

社員が同じ方向を向いて働くには、そのための「道具」が必要です。武蔵野は、道具として経営計画書を活用しています。方針や目標は明文化して、手帳サイズの経営計画書にまとめ、社員にいつも持ち歩かせる。ルールブックがあれば、「聞いてなかった」という言い訳は通じなくなります。

経営計画書に書かれたルールに、社員はもちろん、社長である私も縛られます。社長がコロコロ心変わりしないから、銀行も安心できます。

「定刻どおりに始まっただけで融資を実行」と断言する支店長

次の**「経営計画発表会」**は、全社員に期のはじめに経営計画を発表する会です。ココには銀行の支店長も招待して、経営計画書を渡します。

支店長を招待する目的は、社長と社員の姿勢を知ってもらうためです。

社長は、ウソをつかずに社員に本音で語りかけているか。

社員は、あくびをせずに真剣に耳を傾けているか。

そういった定性情報を支店長に肌で感じてもらうための場が経営計画発表会です。

なかでもとくに見てもらいたいのは、**時間に対する姿勢**です。

武蔵野の経営計画発表会は、定刻どおりに始まり、定刻どおりに終わります。経営計画発表や社員表彰などを行う第1部、懇親パーティの第2部も時間厳守です。

地銀のある支店長は**「定刻どおりに始まっただけで融資を実行する」**と言い切ります。

予定どおりに進行するために、リハーサルは入念に行います。銀行が信用するのは、**約**

束を守る会社です。時間を守らない会社は約束も守らない。だから入念に準備して定刻開始、定刻終了にこだわります。

会社の一体感を感じてもらうことも大切です。武蔵野は第2部の懇親会に新入社員も参加して、大いに盛り上がります。懇親会にみんなが一丸となって参加しているところを見れば、「この会社はみんなの方向性が揃っている」と伝わります。

絶対うまくいく銀行訪問のコツ

3点セットの最後が**「銀行訪問」**です。

普通の社長は、お金を借りるときに銀行にペコペコと頭を下げます。そして借りたとたん、銀行の担当者を避けて逃げ回るようになる（笑）。これでは次に貸してもらえるはずがない。

私は**銀行10行を3つのグループに分けて、月に1回、銀行訪問**して業績を報告します。業績好調なら銀行は安心します。たとえ業績が悪くても、それを包み隠さず伝えることで

「この会社はウソをつかない」と思ってもらえる。

業績が悪いときに銀行訪問するのはイヤだ?

気持ちはわかります。しかし、逃げれば信用を失う。都合が悪いときも逃げずに訪問するから、この社長は大丈夫だと信用してもらえます。

いざとなると気持ちが揺れて逃げる社長は、期首に1年間の銀行訪問の日程を銀行にも伝えておきましょう。そうすれば逃げられない。

日程は銀行が暇なときに組みます。一般的に銀行は月初と月末、あとは五十日(5と10のつく日)が忙しい。ベストは**16~19日**です。

銀行は午後3時に閉まります。閉まる間際は忙しいので、訪問しても相手にしてもらえない。私は毎回、**午前中**に訪問し、滞在時間は**20分**です。

報告する相手は、決裁権を持つ**支店長**が理想です。ただ、支店長が不在のこともあります。また、零細企業の場合、そもそも支店長が対応しません。しかし、それを理由に出直す必要はない。目的は、銀行に定期的に報告すること。出直して報告をあと回しにするより、**予定どおりに報告**したほうが銀行に好印象を与えます。

金利1・88%が0・8%に! 個人保証も外れたワケ

では、この3点セットで本当に銀行はお金を貸してくれるのか?

五十嵐啓二社長が率いる株式会社イガラシ(福井県、葬儀用品)は、**8期連続増収**の優良企業です。定量情報は申し分なく、銀行もお金を貸してくれていました。ただ、以前は担保や五十嵐社長自身の個人保証がついていた。

しかし、**ここ4年は無担保・無保証**で借りられるようになった。3点セットで定性的にも評価されたからです。

前述の近森産業・白木久弥子社長も、定性情報の効果を実感したひとりです。

白木社長は日本政策金融公庫の金利が低いと聞きつけて、2000万円の借入れを頼みに行きました。経営計画発表会は終わっていたので支店長を招待することはできませんでしたが、経営計画発表会で話した内容をそのまま担当者に伝えたところ、「上に会ってほしい」と言われました。

「偉い人が出てきて工場見学をしてもらいました。みんなが一丸となってやっていることを見て、『5000万円貸しましょう』と額が上がりました。さらに偉い人とお話ししたら、『ビジョンがある。もっと貸しますよ』。最終的に**金利0・51%で1億円を無担保・無保証**で借りることができました」（白木社長）

おもしろいのはココからです。

白木社長はその1億円を持ってメインバンクに行き、「お金が余っているから」と言ってこれまでの借入れを返済しようとした。優良顧客を逃してはいけないと焦ったメインバンクは、**金利1・88%を0・8%まで下げ、先代の父や母がつけられていた個人保証も抵当権も外した**。

「私が武蔵野で教わったやり方を会社に持ち込んだとき、両親は反対していました。でも、借金の個人保証が外れたと聞くと、母は『久弥子が経営してくれて本当によかった』と手のひらを返して喜んでいました（笑）」

定性情報をオープンにすることで、お金は借りやすくなり、すでに借りている借金も担保や個人保証を外しやすくなるのです。

なぜ〝根抵当権〟は危ないのか

銀行から借金するとき、多くの会社は銀行に土地や定期預金を担保として提供します。借金を返済できなくなれば、銀行が担保として差し出された資産を現金化して回収する。銀行はどう転んでも取りっぱぐれない仕組みです。

ココまでは普通の社長も理解しています。ただ、「差し出した担保についているのは**〝抵当権〟**ですか？　**〝根抵当権〟**ですか？」と聞くと、とたんに雲行きが怪しくなる。

抵当権は、借入れ1回ごとに担保に対して設定されます。2000万円を借りるときに2000万円の土地を担保で差し出します。このとき土地についたのが抵当権なら、2000万円を返済した時点で抵当権は解除されます。

一方、根抵当権は1回限りではなく**継続的**なものです。2000万円の土地に根抵当権をつけると、2000万円を借りて返済したあとも、新たに抵当権を設定することなく2000万円を借りられます。

銀行は「借入れのたびに担保の手続きをするのは大変で、印紙税もかかる。根抵当権にしましょう」と言う。多くの社長はコロッとダマされます。経営サポート会員企業の97％は、当初、土地に根抵当権がついていた。

しかし、銀行の言葉にまんまと乗っかると痛い目に遭います。借りたいお金が2000万円でも、銀行は次のように誘ってきます。

「この土地は1億円の価値がある。全部に根抵当権をつけましょう。限度額を1億円にしておけば、あとから追加で融資を受けたいときも便利です」

銀行は、なぜ限度額いっぱいの根抵当権をつけさせようとするのか。

根抵当権を設定しておけば、ほかの銀行はその土地に2番抵当権しか設定できません。銀行が根抵当権を勧めるのは、**他行に顧客を取られないようにするため**です。

「別に他行から借りなくてもかまわない。根抵当権を設定した銀行から借りられるのだから問題ない」

そう考えている社長は認識が甘い。

1億円の土地に根抵当権をつけ、2000万円を借りた場合、無知な社長は「あと8000万円借りられる」と考えていますが、それは会社の業績がよいときに限られる。

業績が悪化して返済が滞《とどこお》りそうなら、銀行は貸さない判断をします。そういう仕組みです。

私ならこうします。1億円の土地があって2000万円借りたいなら、土地を**分筆**（一筆の土地を数筆の土地に法的に分割する）して、**2000万円分だけ抵当権**をつけます。残りの8000万円分は、いざというときに担保として活用する。手間とコストをかけても、そのほうが安全です。

「当座貸越」も危ない

担保のリスクという意味では、よくわからないまま**「当座貸越」**を使っている社長も危ない。

小切手や手形の決済に使う会社の口座を「当座預金」と言います。当座預金には、当座貸越という仕組みがある。口座の残高が足りなくて決済できないとき、銀行が一定額まで一時的に立て替えてくれる仕組みです。

ただ、当座貸越にも担保は設定されています。一時的に立て替えてもらったお金を返済できなければ、担保に入れた土地は銀行のものになる。

当座預金口座を開設したとき、そのリスクについて社長は説明を受けています。だから口座を開いた本人は危険性がわかっている。

でも、心配なのは、先代が亡くなって会社を継いだ2代目以降の社長です。会社を急遽引き継いだ2代目は、社長交代の慌ただしさからか、細かいところを確認せずにポンポンとハンコを押してしまう。その結果、当座貸越の怖さを知らないまま「便利な仕組みじゃないか」と使ってしまいます。

いざ返済に困ってから「本当は担保がついている」と知ってもあとの祭り。大事な土地を失うことになっても、銀行が悪いのではない。**無知だった自分が悪い**。

もちろん担保をつけないですむなら、それがベストです。「この会社は約束を守る会社だ。信用できる」と銀行に評価されれば、担保や保証を外すことは可能です。

経営サポート企業は、最初は担保を入れて借金していました。しかし現在、会員の**6割の会社が無担保・無保証**で借りている。「担保や保証なしに借金できない」は昔の常識。銀行とのつき合い方を間違えなければ、無担保・無保証でお金を借りられます。

第3章

社長は「B／S」のココだけ見ていればいい

なぜ、社長はB／Sを見ないのか

中小企業の社長の8割は自社の決算書をまともに見ていません。

では、残りの2割は決算書をきちんと読んでいるのか。

とんでもない。

法律で作成が義務づけられている決算書は「P／L（損益計算書）」と「B／S（貸借対照表）」の2種類ですが、「自分は決算書を読んでいる」と答える社長でも、よくよく聞いてみると、目を通しているのはP／Lだけ。**B／Sを読んでいる社長は皆無に等しい。**

P／Lを読むだけでもまだマシじゃないか、と考えている社長は危険です。

社長が優先して読むべきはB／Sであって、P／Lではない。この優先順位を間違え、P／Lだけ読んでいる社長は、むしろ会社を危うくする。だから、いますぐ改めなくてはいけません。

その理由の前に、P／LとB／Sについて最低限知っておくべきことを紹介しましょう。

P／Lは、**ある期間**に会社がいくらお金を使って、いくらの収入があり、差し引きでいくら儲けたのか（損をしたのか）を計算した決算書です。

もっとシンプルに言えば、**黒字か赤字か、その額はいくらかを明らかにする決算書**と考えてもらっていい。損益（profit and loss）を計算するから、略して「P／L」です。

一方のB／Sは、**ある時点**での会社の資産の運用状態を明らかにする決算書です。資産のうち現金がいくら、設備投資して機械に使われているのがいくらといった**現在の状態**がわかります。

これらの資産は、空から勝手に降ってくるわけではありません。誰かから借りるか（負債）、事業その他によって自分で生み出すこと（純資産）によってつくられます。左側の「資産」の額と、右側の「負債」と「純資産」の合計額はバランスして同額になるので、**バランスシート**（Balance sheet）、略して「B／S」と言います。

もしこのバランスが崩れて、「負債」が「資産」を上回れば債務超過。会社はいわゆる倒産です（↓図表3、図表4〈数字は架空の一例〉）。

さて、どうして社長はB／Sを見るべきか。

図表3　債務超過の仕組み

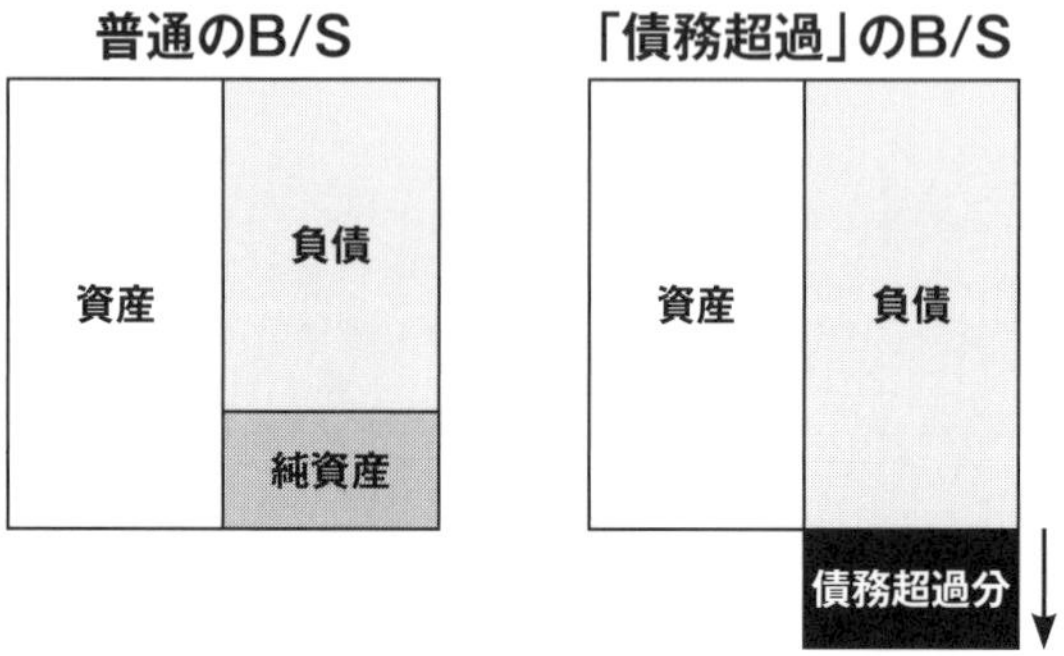

図表4　B/S（貸借対照表）の仕組み

（単位：千円）

資産の運用状況

資産の部		
	科目	金額
短期に現金化する営業資産	流動資産	435,000
	現金預金	142,000
	受取手形	150,000
	売掛金	100,000
	商品	45,000
	立替金	1,000
	貸倒引当金	△3,000
設備等、資金が長く寝る資産	固定資産	185,000
	有形固定資産	143,000
	無形固定資産	4,000
	投資その他の資産	38,000
	繰延資産	0
	開業費	0
【総資産】	資産合計	620,000

資本の調達源泉

負債の部			
科目	金額		
流動負債	189,000	短期に返済する負債	他人資本
支払手形	80,000		
買掛金	40,000		
短期借入金	53,000		
その他	16,000		
固定負債	141,000	長期に返済する負債	
社債	30,000		
長期借入金	111,000		
負債合計	330,000		
純資産の部			
科目	金額		
資本金・資本剰余金	60,000	返済不要の資本	自己資本
利益剰余金	230,000		
（うち当期純利益）	（30,000）		
純資産合計	290,000		
負債・純資産合計	620,000	【総資本】	

ココでおさらいです。会社が倒産するのは、どんなときでしたか。

会社が赤字になったとき？

違いましたね。収支が赤字でも、支払いに充てるキャッシュがあれば会社はつぶれません。だから、**黒字か赤字かを表すP／Lを優先して見る必要はない。**

会社が倒産するのは、キャッシュが底を突いたときです。

キャッシュがあるかどうかは、**資産の現在の状態**を示しているB／Sを見ればわかります。

キャッシュは、B／Sの左側「資産の部」の「流動資産」のトップにある**「現金預金」**という勘定科目にあります。この数字に厚みがあれば会社は倒産しません。また、そのほかの資産も含めて流動性が高いほど倒産しにくい。そのことをチェックするために社長はB／Sを見るべきです。

B／Sを知っているだけで、見える景色が180度違う

ところが、決算書を見ていると自負する社長でも、実際はP／Lしか見ていません。優先度は、むしろ逆です。P／Lを見なくてもすぐに会社が倒産することはありませんが、B／Sを見ていないと会社のピンチにも気づけない。

極論すれば、**社長はB／Sだけ見ていればいい**のです。

多くの社長が優先順位を間違えるのは、トキメキに差があるからでしょう。

P／Lを見ると、「売上」「営業利益」など、心躍る勘定科目が並んでいます。これらの勘定科目は、社長や社員が頑張ると額が増えていく。みんなの頑張りが直結して、頑張っている社長は見るのが楽しい。

一方、B／Sはどうか。

「売掛金」「買掛金」「利益剰余金」など、耳慣れない勘定科目が並んでいます。意味がよくわからないものを見ても、人の心はワクワクしません。また、B／Sは**現在の状態**を示

す決算書。数字を見て、「今期はよく頑張った」と充実感を味わえるわけでもありません。社長がＢ／Ｓに興味を持てないのも、ある意味であたりまえです。

ただ、社長はその場その場の気分で経営をしてはいけません。トキメこうが、トキメかなかろうが、会社を守るために見るべきものは見なくてはいけない。まずは覚悟を決める。といっても、身構える必要はありません。難しそうに見えますが、ポイントさえ押さえれば、誰でも理解できるようになります。

また、Ｂ／Ｓがわかってくると、**社長の仕事の醍醐味はＢ／Ｓをつくること**だとわかってきます。

Ｂ／Ｓを知っている社長と知らない社長では、見える景色が１８０度違う。

おもしろい景色を見たければ、何はさておきＢ／Ｓです。

勘定科目を知る第一歩は「転記」から

Ｂ／Ｓには聞いたことのない勘定科目が並んでいて、見ただけで頭が痛くなる――。

じつは経営サポート会員の社長の多くも、その状態からスタートします。

しかし、徐々にB／Sに詳しくなり、いまや先生役になってほかの社長に教えている社長も少なくありません。

勘定科目を見るだけで頭痛がする社長に、第一歩として何からやってもらうのか。

転記です。自社のB／Sのフォーマットに直筆で書き写してもらう。

書き写すくらい朝飯前だと思う社長は甘い。多くの社長は勘定科目がわかっていません。だから書き写すときに不安になって、経理に電話をする。

「ココにある『貸付金』って何？　俺、こんなに借金してたっけ？　えっ、俺が借りてるんじゃないの？」

B／Sを知らない社長はわからないことが続出し、書き写すだけでもこのような調子で時間がかかります。

もちろん、1回転記しただけで完璧に覚えることはできません。しかし毎月1回やれば、勘定科目が示す意味がおおよそつかめてくる（主要な勘定科目のポイントについては、この章の後半で解説します）。この段階では、勘定科目のだいたいの数字をつかめれば十分です。

大切なのは、**自社の生きた数字を使って転記する**ことです。

会計の解説書などに載っているモデルケースの数字は単純化されていて、一見、入門編にぴったりです。しかし、モデルケースの数字は所詮、他人事。リアルでない数字を使っても頭に入ってきません。

私も若かりしころ、会計の勉強をしようと思って解説書を買った。しかし、本を開いて5分で投げ出した。それが普通です。

自社の数字を使えば、自社の経理に直接聞けるのもメリットです。解説書には、「貸付金は、所定の期日に返済してもらう約束で貸した資金」と書いてあります。これもそんなに難しくありません。ただ、経理からこの「貸付金」は、「従業員の○○さんがマイホームを買うとき、頼まれて頭金300万円を貸したじゃないですか。あのお金ですよ！」と説明してもらったほうがストンと入ってくる。解説書は抽象的ですが、自社の経理は具体的です。先生としては自社の経理のほうが優秀です。

共信冷熱株式会社（山梨県、業務用空調設備）の岸本務社長は勉強熱心で、経営サポート会員になる前から決算書を読んで勉強していました。ただ、「いずれ後継者に」と考えている息子は数字がわからない。息子に決算書を教えるために始めたのがB／Sの転記でした。

「わが社のB／Sと武蔵野さんが用意してくれたフォーマットでは、勘定科目が異なります。B／Sを転記するとき、息子はそこでつまずいた。そのまま丸写しはできないので、息子は経理を任せている会計士さんと相談して、自社のB／Sの勘定科目を整理し直した。会計士とやりとりするうちに、勘定科目の意味を少しずつ理解できたようです」（岸本社長）

自分で手を動かせば、自分が書いている内容が否が応でも気になります。それがB／Sを理解する第一歩です。

「資産は上へ、負債は下へ」が社長の仕事

勘定科目のおおよその意味がつかめたら、次はそれらが**どのような順番で並んでいるのか**を理解してください。

左側の「資産の部」は、3つのブロックに分かれています。

上から**「流動資産」「固定資産」「繰延資産」**です。じつはこの順番には規則性があり、各ブロックのなかも同じ規則性で並んでいます。流動資産のブロックは、「現金預金」「受取手形」「売掛金」……という順番です。

これらはどのような規則で並んでいるのか。

流動性の高さです。つまり、現金化しやすい順番に上から並んでいます。

工場を建てるために取得した土地は、資産価値が高くても、すぐに売却できない。資産の部で「土地」は下のほうです。一方、「売掛金」は、業種によるものの、だいたい1～2か月以内に回収して現金化できる。だから「資産の部」の上のほうにあります。

会社をつぶさないために、社長はキャッシュをチェックすべきだと言いました。まずは**「現金預金」が最も重要**ですが、その他の資産も流動性が高いに越したことはない。万が一のときキャッシュにしやすいし、キャッシュにしやすい資産をたくさん持っているほうが銀行も安心してお金を貸してくれます。**資産の部の上のほうほど数字が大きくなり、逆に下に行くほど数字が小さくなるのが理想のB／S**です（↓図表5）。

図表5　B/Sはこうして攻略する

	資産の部	負債の部	
現金化 しやすい ↑	I. 流動資産	I. 流動負債	資金調達 しやすい ↓
	現金預金	支払手形	
	固定預金	買掛金	
	受取手形	経費未払金	
	売掛金	短期借入金	
	棚卸資産	その他の流動負債	
	予定納税	借受消費税	
	その他の流動資産	社債	
	仮払消費税	長期借入金	
現金化 しにくい	⋮	⋮	資金調達 しにくい

より上位の勘定科目に

数字を移していく

より下位の勘定科目に

数字を移していく

一方、右側の「負債の部」と「純資産の部」はどうでしょうか。「負債の部」にも規則性があります。資金調達のしやすさです。資金調達するには信用力が必要ですが、信用力の低い会社でも、上のほうにある「支払手形」や「短期借入金」から比較的簡単に資金をつくることができます。逆に下のほうにある「社債」や「長期借入金」を多くするのは、信用力の低い会社では無理です。

では、「負債の部」は、上と下、どちらの数字が大きいほうがいいのか。

銀行の立場になればわかります。銀行は信用力の高い会社にお金を貸します。銀行がお金を貸し続けてくれれば会社は倒産しない。だから、**「負債の部」は下に行くほど数字が大きくなるのが理想**です。

このことがわかれば、次に社長がやるべきことも見えてきます。

「資産の部」は上へ、「負債の部」と「純資産の部」は下へ――。

このようにB/Sの数字を意図的に移して、**ちょっとやそっとじゃ倒産しない強い会社**をつくります。

「資産の部」なら、固定資産より流動資産を増やす。同じ流動資産でも、売掛金を現金に移すために回収を早めるといった施策が考えられます。

逆に「負債の部」なら、支払手形をやめて買掛金にしてもらう、短期借入金を増やすなら長期借入金を増やすといった施策が必要です。

社長の仕事の醍醐味は、まさにココにあります。P／Lの数字は、社長を含め会社に関わる全員が一丸となってつくった結果です。未来に向けて計画することはできても、過去の結果は変えられません。しかし、**B／Sは未来の数字で、社長ひとりの意思でどのようにも変えられます**。その分、責任も重大ですが、やりがいもあります。

B／Sは〝異常値〟だけチェックすればいい

「資産の部」は上へ、「負債の部」は下へと数字を移していくことが社長の仕事です。

ただ、やみくもに数字を移せばいいわけではない。会社がつぶれにくいB／Sをつくるには、計画が必要です。

B／Sの計画は、長期事業計画に合わせてつくります。長期事業計画のつくり方は後述しますが、B／Sの計画は、P／Lの計画が決まればほぼ自動的に決まる。

「売上を1年で10%伸ばす」と決めれば、利益や税金の額も決まり、
「いまからいくら現金を増やさなければ危ないのか」
「増やすために銀行からいくら借りる必要があるのか」
「売掛金や買掛金はいくらが適正なのか」
といった具体的な目標が計算できます。

計算は前述した「資金運用計画策定支援システム」のソフトがあれば簡単にやってくれますが、まずは、社長自身がいちいち電卓をたたいて計算すると、頭にスーッと入ってきます。

社長がやるべきは、**目標に近づいているかどうかのチェック**です。

チェックの方法はアナログでいい。紙を用意して、まず前期の決算時のB／Sを左端に書き写します。これが今期の期首の現状の数字です。そして同じ紙の右端に、期末の目標数字を書き写す。これは単純に期首の数字に成長率（前年比115%成長）を掛けた数字でも最初はかまいません。

記入したら、その月の数字が左右の数字の間に収まっているかどうかを確認します。

図表6を見てください。

（単位：百万円）

負債の部	第53期	6月	10月	2月	期末
I. 流 動 負 債	918.4				2,081.0
支払手形	0.0				0.0
買掛金	120.3				166.9
*経費未払金	188.3				261.2
*手数料未払金	16.5				22.9
仮受（未払）消費税	314.8				436.6
前受金	94.2				130.7
割引手形	0.0				0.0
短期借入金	0.0				0.0
預かり金	39.4				54.6
納税引当金	121.8				970.0
引当金（賞与、給料他）	−18.8				−20.0
その他の流動負債	41.9				58.1
II. 固 定 負 債	2,268.6				2,264.2
長期借入金	2,069.1				2,069.1
未払分割金	15.4				15.4
社　債	0.0				0.0
リース負債	184.1				179.7
負債合計	**3,187.0**				**4,345.2**
純資産の部	**第53期**	**6月**	**10月**	**2月**	**期末**
I. 株 主 資 本	843.1				1,813.1
1. 資 本 金	99.3				99.3
2. 資 本 剰 余 金	0.0				0.0
3. 利 益 剰 余 金	743.8				1,713.8
利益準備金	31.2				31.2
内部留保	412.6				712.6
繰越損失	0.0				0.0
当期利益・損失	300.0				970.0
4. 自 己 株 式	0.0				0.0
II. その他の純資産	0.0				0.0
評価・換算差額	0.0				0.0
新株予約権	0.0				0.0
純資産合計	**843.1**				**1,813.1**
計	4,030.1				6,158.3

図表6　危険シグナルはこう見抜け！

期首時の現状　――――月々の締めの金額を記入――――▶　期末時の目標

比較貸借対照表

資産の部	第53期	6月	10月	2月	期末
Ⅰ.流 動 資 産	2,718.6				4,646.2
現　金	65.3				65.3
普通預金	1,595.8				3,235.9
当座預金	0.0				0.0
通知預金	0.0				0.0
固定預金	314.5				314.5
受取手形	0.0				0.0
売掛金	331.9	333.3	399.9		396.1
棚卸資産	49.8				59.8
予定納税	0.0				75.0
仮払消費税	253.8				352.0
未収入金	11.4				15.8
有価証券	92.2				127.9
その他の流動資産	3.9				3.9
Ⅱ.固 定 資 産	1,311.5				1,512.1
1.有形固定資産	264.5				256.1
建　物	80.3				76.3
機　械	0.0				0.0
車　輌	0.1				0.1
備　品	0.0				0.0
建設仮勘定	0.0				0.0
リース資産	184.1				179.7
土　地	0.0				0.0
2.無形固定資産	488.6				697.6
ソフトウェア	401.5				621.5
その他無形固定資産	87.1				76.1
3.投資その他の資産	558.4				558.4
投資有価証券	196.2				196.2
敷金・保証金	161.5				161.5
長期貸付金	0.0				0.0
その他投資等	200.7				200.7
Ⅲ.繰 延 資 産	0.0				0.0
権利金	0.0				0.0
開発費	0.0				0.0
資産合計	4,030.1				6,158.3
計	4,030.1				6,158.3

OK!（6月 333.3）　NG!（10月 399.9）

【見方】
現状と1年後の目標を見比べ、
その間の数字ならOK!
そこからはみだしていたら
（増減両方）、
原因をチェック！

「売掛金」の期首が3億3190万円、期末の目標が3億9610万円としたら、書かれた数字が間の3億3330万円ならOKです。とくに何もせず、翌月にチェックするまで放置しておけばいい。

ただ、期首と期末の間に収まらなければ**異常値**です。

売掛金が期首の実績を下回っていたり、期末の目標を超えて3億9990万円になっていたりしたら、どこかに問題があって計画どおりに進んでいない証拠。異常値が出てきた原因を突き止めて、すみやかに対策を施す必要があります。

目標を超えているならいいじゃないか、と考えるのは間違いです。

売掛金が目標を超えて膨らんでいたとしましょう。これは手放しに喜んでいいことでしょうか。

売掛金の増加する原因は2つです。ひとつは、**売上の増加**。もうひとつは**回収の遅れ**です。売上が増えた結果、売掛金も増えたなら、プラスの材料です。しかし、売上は伸びていないのに回収が進まずに売掛金が増えたなら、キャッシュフローの観点でマイナスになる。もし後者なら、喜ぶどころか**危険信号**です。

このように**B／Sの数字には二面性**があって、「とにかく増えればいい／減らせばいい」

と単純に決めつけることができません。だから目標数字を超えていれば、「目標を早く達成できた」ではなく、**「どこかに異常がある」**と判断すべき。異常値をできるだけ早く察知して手を打つことが、会社を守ることにつながります（↓図表6）。

「長期借入金」を全体の8割以上に

B／Sの主要な勘定科目について、社長が最低限知っておくべきポイントがあります。まず**借入金**です。キャッシュをつくるためには銀行からの借入れが欠かせません。借入金は**短期借入金**と**長期借入金**の2種類があり、その違いを理解したうえで借入れしたほうがいい。

借入金が短期か長期かは、返済期日によって決まります。借りてから1年以内に返すものは短期借入金、返済期日がそれより先なら長期借入金です。自由に使えるようになるのが1年以内なら「流動」、それより先なら「固定」と言います。

さて、短期と長期、借りるならどちらが正しいか。

銀行は、初めて融資する会社には短期で貸します。短期で貸すのは、取引のない会社を信用していないからです。短期なら回収しやすいし、回収後は「やっぱり危ない会社だから、もう貸さないようにしよう」とサヨナラできる。

銀行からたくさん借りられたとしても、それが短期なら自慢するのは間違い。**長期で借りられると、銀行が信用するいい会社**です。ただし、建設業は例外で官庁の評価が低くなるから、長期借入金でお金を借りないようにします。建設機械は必要なときにリースで借りれば、長期で借りなくても大丈夫です。期末に短期借入金を全額返して、翌月1日に必要な資金を借ります。

短期と長期では、短期のほうが金利は低めに設定されます。だから短期で借りたほうがお得と考える社長も多いでしょう。

しかし、思い出してください。**借金とは〝金利で時間を買う〟こと**です。金利は安くても、すぐ返さなくてはいけないのであれば、安物買いの銭失い。**多少高い金利を払っても、長い期間借りることが正しい**。

借入金のバランスは、**長短比率80％以上**が理想です。長短比率は、「長期借入金÷借入総額」で計算します。つまり**長期借入金が全体の8割以上**になるようにB／Sをつくります。この水準を下回るようだと、自分の会社は銀行にまだ信用されていないと思うべきです（信用力を高める方法は第2章65ページ参照）。

飲食店の倒産は「買掛金」の存在にあり

次は**「売掛金」**と**「買掛金」**です。

掛けとは、ツケのこと。売掛金は、すでに商品を売っているものの、代金があと払いでまだ回収していないお金です。

売掛金の回収が遅れるほどお金の流れが悪くなるため、売掛金は原則少ないほうがいい。ただ、**売掛金の増減には二面性**があります。売上全体が減ったときにも売掛金は減少するので、どのような理由で減少したのかをしっかり分析する必要があります。

世の中には売掛金がゼロの商売がたくさんあります。飲食店は現金かクレジットカード支払いがメインで売掛金はほとんど発生せず、キャッシュフローを考えると最強です。

でも、飲食店の80％は開業して5年以内に倒産します。売掛金ゼロで現金があるのに、いったいなぜでしょうか。

現金に目を奪われて、**買掛金の存在を忘れるから**です。

買掛金は、売掛金と逆で、すでに商品を仕入れているのに、まだ代金を払っていないお金です。飲食店は、原材料の多くを業者から掛けで仕入れています。

買掛金がある場合、売上から仕入と経費を差し引いて少ない利益が出ます。

ところが、開業したばかりの飲食店は個人経営に近く、社長は商品が売れて現金が入ってきた時点で利益だと勘違いしてしまう。目の前に利益があると思うと、つい使ってしまう社長は少なくありません。その後、仕入先から請求書が届いて、「しまった。まだ支払いが残っているのに、飲みに行くんじゃなかった」と初めて気づく。売掛金は発生しないが買掛金が発生する商売をやっている社長は要注意です。

さて、買掛金は売掛金と逆で、支払いサイト（支払日までの期間）が長いほど現金が手元に残り、キャッシュフローがカイゼンします。仕入金額が同じなのに買掛金が増えているなら、キャッシュフロー上は大丈夫ということになります。

しかし、そこだけにとらわれると商売はうまくいかなくなる。

仕入先の立場で考えてください。現金ですぐ払ってくれるお客様と、支払いが2か月後になるお客様、どちらに品質のいい商品を売りますか？

断然、現金払いのお客様です。キャッシュフローをよくする考えはあくまでも自社都合で、取引先にとってはむしろ迷惑以外のなにものでもない。その結果、品質の悪いモノをつかまされたり、品薄のときに商品を回してもらえなくなったり、事業がダメージを受けます。

商売を継続的に回していくには、**取引先の利益にまで気を配る**必要があります。そう考えると、**支払いサイトが長いのはダメ**。買掛金はできるだけ減らして、**そのほかのところ（B／Sの「負債の部」の下のほう）で資金調達してキャッシュを蓄える**ことが正解です。

なぜ「支払手形」はゼロが正しいのか？

B／Sの「負債の部」は、できるだけ上から下に移す。

では、「負債の部」の一番上にある勘定科目は何か。「流動負債」のなかの**「支払手形」**です。支払手形は、減らすどころか**ゼロが正しい**。そうでなければ、常に倒産の危険がつきまといます。

支払手形は、厳密に言うと買掛金の一種です。買掛金は口約束で、もし約束した期日に支払いができなくても「待った」が利きます。

一方、支払手形は口約束ではなく、期日に現金化できる手形を渡します。取引先は手形を銀行に持ち込むと、期日に手形を振り出した会社（支払いをする会社）の口座からお金が引き出され、現金を受け取れます。

このとき、口座の残高が足りなければ、**手形は不渡り**です。全金融機関に通知されて信用力がガタ落ちし、事実上の倒産に追い込まれます。「あと数日待ってくればお金を口座に入金できたのに」と言ってもあとの祭り。「待った」は利きません。期日に決済できなければ、その時点でアウトです。

実際、こんなケースがありました。A社は、取引先のB社に12月31日が期日の支払手形を振り出しました。A社は黒字経営だったものの資金繰りが厳しく、旧知の仲であるB社社長に「ジャンプ」（手形の期日を延長すること）を依頼。B社社長は快諾して、A社はピンチを脱しました。

ところがB社社長はそのことを経理担当者に伝え忘れ、手形を銀行に持ち込んでしまった。A社の口座は残高が足りなかったので、銀行はA社に「このままでは不渡りになる」と警告しようと連絡。しかし、会社は年末年始の休業中で、社長も海外旅行で不在。年が明けてA社社長が出勤したときには、時すでに遅し。A社は不渡りを出して倒産しました。

支払手形を振り出していると、ちょっとしたミスや行き違いで不渡りになり、会社をつぶしてしまう恐れがある。だから支払手形はゼロにすることが正しい。

「支払手形」をなくす方法

問題は、どうやって支払手形をゼロにするかです。

支払手形をやめ、現金払いにするには、**支払いサイトを短くする**ことが一般的です。90日の支払手形と、90日後の現金払いでは、受け取る側に大した違いはありません。むしろ期日前にまわし手形（受け取った手形に裏書きして、自社の仕入先などに譲渡する）として利用できるので、現金より手形のほうがいいという会社も多い。

現金払いを認めてもらうには、受け取る側に何らかのメリットを提示する必要があります。そのひとつが、支払いサイトの短縮です。

「締め日から30日後に現金で払います」

と支払いサイトを短くすれば、受け取る側は売掛金を早く回収できるメリットが生まれ、現金払いを認めやすくなります。

現金ですんなり払えるならいいですが、もともと現金が回らないから支払手形を振り出しているので、支払手形をやめるには、**借入れを増やすなどしてキャッシュをつくる**必要があります。

名古屋眼鏡株式会社（愛知県、メガネ等の商社）の小林成年《なりとし》社長や、株式会社高井製作所（石川県、豆腐製造機器）の高井東一郎社長も、借入れを増やして計画的に支払手形をなくし、いまや両社とも支払手形はゼロです。

借入れをしたら金利負担は増えるからイヤな社長もいるでしょう。

ただ、これも割引率次第です。通常、支払いサイトを短くするときは、期間に応じて支払割引してもらいます。借金を早く返せば利息分が減るのと同じで、早く支払う分、額面から割り引いて安くしてもらうわけです。支払手形（期間3か月）の割引率が2％（サイト3か月の手形とすると、実質年利率は8％）、借入金の金利が1％なら、割引率のほうが圧倒的に高い。むしろ銀行から借り入れて金利を負担してでも、現金で払ったほうが得です。

支払手形の割引率の相場は2％程度ですが、相場にこだわる必要はありません。割引率を1・5％（年率6％）にしてあげれば、受取側も得をする。0・5％割引を減らしても、まだ借入れの金利より高いので、こちらも損はしない。どちらにとってもウィン・ウィンです。

支払手形をゼロにできたら、当座預金口座をなくしてもいい。当座預金口座は決済用の口座で、手形の振出に必要です。

当座預金口座がなければ支払手形を振り出せません。いったんゼロにしても、当座預金口座があると、苦しいときにまた支払手形に頼りかねない。そうならないように**退路を断ち、厳しい経営をする**。

武蔵野は、**25年前に当座預金口座をすべて閉め、当座預金についていた銀行保証をすべて外しました**。

その前から支払手形はゼロにしていましたが、当座預金口座を閉めてからは手形を振り出したくても振り出せなくなった。おかげで甘えることなく経営ができています。

「受取手形」もゼロが正解

では、B／Sの左側「資産の部」にある「受取手形」はどのように考えればいいでしょうか。

これもできたらゼロがいい。手形で受け取ると、振出先が金策に行きづまって不渡りになる恐れがある。

以前、「わが社が信用できないのか」と手形での支払いを迫ってきた社長がいましたが、**「お客様は信用しても、支払手形は信用しない」**が私の持論。丁寧にお断りして、取引を停止しました。その会社は数年後に倒産した。支払手形を信用しなくて正解でした。

何らかの事情があって手形を受け取らざるを得ないなら、期日まで何もしないでじっと持っておくべきです。

期日前でも、手形を銀行に持っていけば割り引いたうえで現金化してくれます。ただ、割引には担保が必要です。また、割引後に手形を振り出した会社が倒産すると、割り引いてもらった側が手形を買い戻さなくてはいけません。要するに、割り引いたところで不渡りのリスクは自社が被《こうむ》る。

期日まで待っていれば、回収は銀行がやってくれます。不渡りになるリスクはありますが、割り引いていないから買い戻す必要がありません。

在庫管理のパワーで「日本経営品質賞」の「経営革新奨励賞」受賞

「在庫」は、「資産の部」のなかでも**要注意の勘定科目**です。

B/Sに並ぶ勘定科目は、基本的に経理の帳簿にすべて記載されています。

例外は現金と在庫です。現金は、毎日必ず手持ちの額を調べるので正確な数字を把握できます。しかし、在庫は月に1回、棚卸するまでわからない。つまり、資産高を確定させるための最後のピースが「在庫」です。

そこで重要になってくるのが**棚卸**です。棚卸がいいかげんだと、資産高にズレが生じてB/Sが不正確になる。棚卸を帳簿棚卸（入庫や出庫の記録から在庫数を算出する）ですませている会社もありますが、基本は現物で**実地棚卸**をします。在庫には紛失や盗難、破損がつきものですから、現場で実数を調べないといけません。

実地棚卸は手間や時間がかかって面倒ですが、それは整理整頓ができていないからです。倉庫内が整理整頓され、あるべきものがあるべきところに置いてあれば、棚卸にそれほど時間はかかりません。武蔵野のダスキン事業は多種多様な３００品ほどの商品を扱います。**棚卸は、以前は5時間もかかっていましたが、いまはｉＰａｄを導入して1時間で終わる**ので、ダスキンの各代理店がびっくりしています。

在庫は少なければ少ないほうがいい。商品が売れていると、倉庫に置かれずに店頭に並べられ、すぐに顧客の手に渡ります。在庫が少なければ儲かっている証拠です。

対策が必要なのは、**在庫が多い**ときです。

在庫が多くなる原因は３つです。

ひとつ目は、商品が欠品すると販売機会をロスするからです。現場はとにかく売上を伸ばしたいので、最終的に余ってもいいから在庫を積みたがる。

しかし、在庫を積むことは、倉庫にお金を積むことにほかなりません。現場はそのことがわかっていないから、「積めるだけ積んで大丈夫」と考える。

これを変えるには、社長が介入して在庫を適正な量にコントロールするしかない。

飯田工業薬品株式会社（静岡県、化学品商社）の飯田悦郎社長は、毎朝、朝礼が終わると倉庫に行って自らチェックをします。同社は、**２０１６年度の「日本経営品質賞」**で**「経営革新奨励賞」**を受賞した。在庫チェックを欠かさなかった飯田社長の努力が組織内での対話や協働に活かされました。

在庫が膨らむ2つ目の理由は、**〝仲よし負け〟**です。

在庫といっても、製造業の場合は「原料在庫」と「製品在庫」があります。このうち原料在庫が増えたら、調達担当者が仕入先に押し込まれて大量に買わされている。仕入先と仲がよすぎて客観的な判断ができなくなるから、人を入れ替えるべきです。

在庫は「資産」ではなく〝死産〟

一方、製品在庫が膨らんでいるときは、そもそも売れない商品をつくっている可能性が高い。これが3つ目の理由です。

どんなにいい製品でも、売れないものはダメな製品です。製造部門はそれがわかっていないから、「売れないのは営業のせい」とつくり続けてしまう。これではますます倉庫に**〝罪庫〟**が積み上がるだけです。

売れないとわかったら、つくるのをやめる。流通業は仕入れるのをやめる。その決断が大事です。

積み上がった在庫は、処分しないといつまでも在庫のままで、維持管理費用がかかります。そのまま倉庫に眠らせておくメリットは何もないので、安売りしてでも売り切ります。勘定科目の「在庫」が売上の伸び以上に膨らんだら、これら3つのどれか、もしくは複数が原因になっています。至急、原因を特定して対策を打ちましょう。

在庫は、B／Sで「資産」にカウントされるので、在庫が増えることに悪いイメージを抱いていない社長もいます。

しかし、在庫は「資産」ではなく**〝死産《しさん》〟**。倉庫に置いてあるだけコストがかかる〝金食い虫〟です。

帳簿を見ているだけでは、そのことを実感できないかもしれません。しかし、倉庫に行ってホコリをかぶっている原料や製品を見れば否が応でも気づきます。そのためにも**社**

長は自ら倉庫に足を運ぶべきです。

社長が無知でも何とかなる?

「実践経営塾」の経営計画実習セミナーにきていた、株式会社パルコホーム宮城（宮城県、不動産業）の菊池靖社長は、銀行格付（↓59ページ）が4（スコア50以上・リスクがあるが良好水準）から3（スコア65以上・リスク些少）になったのに怒っていました。無知だったからです。会社のレベルが高くなっているのに、先輩の社長たちはこれを聞いて唖然としていました。

経営サポート企業の社長のなかには、入会当初、銀行格付が最も悪い「10」（事故先・履行のメド全くなし）が何十人といましたが、配点の点数が「3点（129点中）」というめったにお目にかかれない会社が過去「3社」だけありました。いまから思うと、どうしたら3点になるのか不思議です。

A社は、銀行格付が「3」になったから、私が本を書くたびに実名で書いていいか、と聞いても毎回「NO」です。B社は、500万円の支払手形を30枚も出していた（エー？びっくり）。C社は恐れ多くて書けません。しかし、配点点数が3点だった3社とも勉強して、いまは普通の会社になっています。

第4章

赤字から黒字へ！「数字は人格」でV字回復

「増えたか、減ったか」ですべてがわかる

B／Sの最低限の読み方を理解したら、次は「P／L（損益計算書）」です。

前章で私は、「社長はB／Sだけ見ていればいい」と指摘しました。

ならばP／Lを読む必要なんてないのでは？　と疑問を持つ社長もいるでしょう。

じつはそのとおりです。黒字が続いている会社なら、社長がP／Lを読み込む必要はありません。

経営で最も大切なのはキャッシュです。キャッシュを生み出す方法はたった3つ。

「借入れ」

「減価償却」

「事業で利益を出す」

事業が黒字で利益が出ているなら、社長がP／Lを読み込んで現場にあれこれ指示を出さなくてもいい。むしろ現場の邪魔になる。

しかし、**赤字の会社と、黒字なのに計画どおり利益が出ない会社は別**です。

赤字が続くとキャッシュが減り、借入れなどほかの手段でキャッシュをカバーできなくなると、倒産にいたります。

計画どおりに利益を出すためには、社長も一緒に対策しなければなりません。

また、黒字が続いている会社も、利益が増え続けているか、最低限のチェックは必要です。定期的にチェックを行い、異常値が見つかれば早めに手を打つ。傷が浅いうちに対策できれば、リカバリーは容易です。

チェックの方法は、じつにシンプル。

ひたすら**「増えたか、減ったか」をチェックするだけ**です。

まず毎月、月次でP/Lを出して、前年同月と比べて増えたか、減ったかを調べます。

難しい計算はいりません。増減のチェックだけなら、誰でもできます。

前年同月で比べるのは、季節の変動があるからです。アイスクリームは夏に売れるし、企業向けの商品は決算前にかけ込みで売れる。こうした変動要因があるのに、同年前月と比べて増えた、減ったはナンセンス。去年の8月は暑かったのに、今年の8月は雪が降るなんてことはほとんどない。前年同月と比べ、増減傾向を正しく見極めます。

売上に惑わされずに「利益」に注目

比較するのは、**粗利益（売上総利益）と営業利益**です。真っ先に売上を気にする社長が多いが、売上は会社の収益力を示す数字ではない。売上は、市場における会社の存在感を示す数字。会社の実力＝事業で儲けているかは、粗利益と営業利益に表れます。

売上１００億円で粗利益5億円の会社と、売上30億円で粗利益10億円の会社があれば、稼ぐ力は後者が上。**売上に惑わされず、まず利益に注目**することが大切です。

利益を前年同月と比較した結果、プラスなら何もしなくてかまいません。マイナスなら異常発生で、原因を究明して対策を指示する。社長がやるのはそれだけです。

利益がマイナスの原因は２つ。

売上が減ったか、原価や経費が増えたかです。

売上減が原因なら、さらに売上に関係する数字を前年同月と比べます。

客数が減ったのか、客単価が下がったのか。具体的にどの商品の売上が下がったのか。

それらを調べることで次の手が見つかります。

原価や経費が増えたケースも同じです。原価が増えたのは、仕入値が上がったのか、それとも数量を仕入すぎて売り逃したのか。増えたのは固定費か、変動費か。

このように、「増えたか、減ったか」のチェックを繰り返せば、利益が減った原因が明確になる。あとは原因を取り除くだけです。

「財務会計」ではなく「管理会計」で

P／Lは、**事業部門ごと、営業所や支店ごと**に出します。

株主など外部の人や関係者に開示するための会計を「財務会計」と呼ぶのに対して、社長が経営判断のために使う会計を**「管理会計」**と呼びます。

法律で求められているのは財務会計で、非上場企業なら年1回、全社ひっくるめて決算すればいい。

しかし、それではザルすぎて実務で役立ちません。A事業が赤字、B事業が黒字で、全社で黒字の場合、財務会計では問題点に気づけない。A事業の赤字が膨らみ、全社の利益がマイナスになって初めて異常に気づくのでは遅すぎます。

社長がチェックすべきは**管理会計**です。毎月、事業部門や営業所、支店ごとに行うと、きめ細かいチェックができます。

P／Lの〝逆算〟で会社を守る方法

社長は普段、P／Lをじっくり読まなくていい。利益が「増えたか、減ったか」だけをチェックすれば十分です。

しかし、経営計画を立てるときだけは別です。**年1回は、穴のあくほどP／Lを見なくてはいけません。**

経営計画作成は、**来期の利益を決めることからスタート**します。

ポイントは、利益は結果として「決まる」のではなく、**社長があらかじめ「決める」**こと。

「売上がいくらで、経費がいくらだから、来期の利益はこうなる」

ではなく、

「来期は利益がこれくらいほしいから、売上をいくらにして、経費をいくらにする」

と考える。

つまり現状からの積み上げ式ではなく、**ほしい利益から逆算してそのほかの数字を決めていく。**

P／Lは、この**逆算**をするときに使います。

「経常利益」→「減価償却費」→「人件費」→「粗利益」→「経費」の順

図表7を見てください。

最初に決めるのは**「経常利益」**です。経常利益は、社長が好きに決めていい。テキトーでいいから、まず決めることが大事です。

経常利益を決めれば、あとはP／Lを上へさかのぼって計算していきます。

図表7　経常利益が先、売上はあと

（単位：百万円）

項　目	目標	計算方法	計算順
売　上	300	粗利益÷粗利益率	❾
仕　入	150	売上－粗利益	❿
粗利益	150	人件費÷労働分配率	❼
人件費	100	平均給料×人数	❻
経　費	40	❼－❻－❺－❹＝❽	❽
減価償却費	3	有形固定資産の15%	❺
経費計	143		
営業利益	7	❶－❸＋❷＝❹	❹
営業外収益	1	定期預金×金利や家賃収入の合計	❸
営業外費用	2	借入金×金利	❷
経常利益	6	生きるために必要な金額	❶

あとで（売上）／スタート（経常利益）

まず経常利益を決め、下から上へ逆算。
売上はあと！

営業利益は、**「経常利益－営業外収益＋営業外費用」**で出せます。営業外収益や営業外費用は、Ｐ／Ｌを見ればわかります。

次に**「減価償却費」**です。

Ｂ／Ｓを見て、**有形固定資産の15％**で計算します。業種によって多少違いがありますが、経営サポート会員の95％はこれでだいたい合っています。

その次は**「人件費」**。これは**平均給料×人数**で導けます。「粗利益」に労働分配率を掛けたものが人件費になるので、人件費がわかれば必要な粗利益も逆算できる。**「人件費÷労働分配率」が「粗利益」**です。

これらの数字が出揃えば、**「経費」**の計算も簡単です。

「粗利益－人件費－減価償却費－営業利益」が来期に使える経費になります。

一方、粗利益がわかれば、**「粗利益÷粗利益率」**で「売上」が決まり、**「売上－粗利益」**で「仕入」が決まります。

このように**Ｐ／Ｌを下から逆算することで、来期に稼がなくてはいけない売上が明確に**なります。

社長がほしい経常利益を決めると、来期の売上が自動的に決まることだけ覚えてください。

多くの社長は、利益は結果として生まれるものだと考えています。

しかし、ふたを開けるまでわからないのは**無責任**。結果として利益が足りなければ、会社が傾きかねない。

利益は社長の意思で決定して、その利益を生むために必要な額を計画的に売っていく。

会社はP／Lの逆算で守ります。

赤字部門を黒字化する秘策

ある事業の利益が赤字になったとき、テコ入れで新たに人やお金をつぎ込む社長は、経営がわかっていません。

赤字対策として正しいのは、むしろ**人やお金を減らす**こと。社長が決断すべきは、**事業の縮小**です。

事業が赤字になる原因のひとつは、売上不振です。だから営業マンを増やしたり販促費をかけたりして売上を増やすべきだと考える社長は少なくない。

たしかに、それで黒字転換できる可能性はあります。ただ、数年続いている赤字事業に新たに人や金をつぎ込むのは愚策です。赤字事業につぎ込むリソースがあるなら、**黒字事業に人とお金**を回す。そのほうが全体の利益は増える。

売れ行きの悪い商品と、黙っていても売れる商品があります。同じ販促費をかけるなら、売上の伸びが大きいのはもともと売れている商品です。これは事業も同じです。

赤字事業と黒字事業に同じ人やお金をつぎ込んだら、黒字事業のほうが利益額の伸びは大きい。会社としては、赤字事業の立て直しより、黒字事業の拡大にリソースを使うことが正しい。

では、黒字事業につぎ込むリソースはどこから持ってくるのか。

新たに人を採用したり借り入れたりしてもいいが、赤字事業を縮小して、そこに費やしていた人やお金を回せばいい。

とくに大事なのは**人**です。

赤字事業から人を減らせば、人件費が下がるので損益分岐点が下がります。さらに、損益分岐点になるまで人を減らせば、その事業の赤字も解消される。**黒字事業に人を回せる**

うえに赤字もゼロに近くなるから、一石二鳥です。

お客様がいて事業を縮小できないなら、アウトソーシングしてもいい。

栃木県にある医療法人恭友会はせがわ整形外科クリニックの長谷川恭弘《やすひろ》院長（理事長）は、元日本女子バレーボールチームで大林素子選手や吉原知子選手が活躍していたときのドクターで、院内だけでなく患者の自宅にも社員を派遣するサービスを行っていた。社員は移動中もコストがかかるので高コスト。このサービスは注文が入れば入るほど赤字でした。

経営的にはやめるべきサービスです。しかし、困っている患者さんを見捨てるわけにもいきません。

そこで長谷川院長は、社員の派遣をやめ、**個人事業主のあんまマッサージ師と契約を結んで派遣**することにした。**個人事業主から手数料を取り、派遣すればするほど黒字**になった。派遣されていた社員も、別の黒字事業に従事できて万々歳です。

武蔵野もアウトソースを活用しています。黒字でも、ダスキン事業で遠いエリアは、手数料を払って本部に配達を委託。このエリアで頑張っていた社員約20人は、経営サポート事業部に異動させました。

経営サポート事業は20人補強してもすぐに不足するくらい成長し続けています。遠いエリアを走り回らせるより、ずっと会社の利益に貢献しています。

この話には副産物があり、**残業が激減**しました。遠いエリアに行かなくてよくなったので、22時退社が19時完全退社。早い人は17時30分退社で、残業ゼロの部署が2つになりました。

事業撤退のコツは、ゆっくり、少しずつ

赤字事業の立て直しが難しいので、いっそ事業をたたんでしまおうか――。

この決断は正しいが、やり方を間違えると赤字が拡大するので要注意。

黒字転換させるために様々な手を打ったものの、赤字が5年続く事業はどうやっても儲かる事業になりません。5年経てば市場環境は激変します。それでも黒字にならないのは、本質的にニーズがなかったか、時代遅れになった証《あかし》。撤退が正解です。

しかし、事業から撤退しても人は残ります。人件費は払い続けなければならず、むしろ

図表8　事業をやめると赤字が広がる

現在

売　上	100
仕　入	50
粗利益	50
人件費	50
経　費	10
利　益	▲10

➡ やめる

売　上	0
仕　入	0
粗利益	0
人件費	50
経　費	10
利　益	▲60

赤字が▲50増加する

事業をやめたことで赤字が広がる場合がある。これでは何のために事業から撤退するのかわからない（↓図表8）。

この場合は、撤退時に黒字部門に人を異動させます。ただ、売上の拡大余地のある黒字事業でないと人を吸収できません。拡大余地のないところに人を投入すれば、逆に固定費が増えて黒字が減少しかねない。

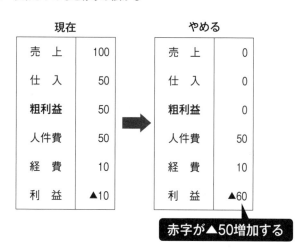

では、ほかの人を吸収できる事業がない場合はどうするか。

人が自然に辞めるように、ゆっくり、少しずつ撤退します。

かつて武蔵野にはクリエイト事業部がありました。2億8000万円を投資したが、売上は合計3000万円で、赤字が毎月

400万円出た。私の決断は、撤退です。

しかし、この事業で雇っていた150人のパート社員の行き先に困りました。パート社員はクリエイト事業部の採用で、ほかの事業部に異動させても戦力にならないし、本人たちも異動をイヤがります。かといって、パート社員の整理解雇は大変なエネルギーがいります。解雇は恨みを買うので、会社の評判の面でもよろしくない。

悩んだ末に行ったのが、**支店の統廃合**です。

当時、クリエイト事業部はJR中央線沿線に東から吉祥寺、三鷹、武蔵境と3か所の支店を持っていました。人数はバラつきがありますが、平均すると1支店50人で計150人でした。まず、吉祥寺支店と武蔵境支店の遠いところ同士を統合して武蔵境支店に集約しました。単純計算すると、新しい武蔵境支店は50人プラス50人で100人になります。しかし、パート社員は地域密着。吉祥寺支店で働いていた50人のうち半数は「武蔵境は遠い」と言って自分から辞めていきました。新しい武蔵境支店は75人になりましたが、日が経つとポツポツ辞めていきました。しばらくして三鷹支店と武蔵境支店を統合。同様に通勤がつらいと思った人が辞めていき、新しい武蔵境支店は50人になった。

最後は、武蔵境支店を閉鎖して、東小金井本社に事業部を集約させました。統合前に約

50人まで減っていたパート社員は、とうとう十数人になった。ココまで減ったので、ほかの事業部に異動させました。

撤退を決めてから、支店の統廃合を経て最終的に事業をたたむまで、約半年かかりました。ただ、時間をかけた甲斐あって、150人の大多数は自然に辞めました。

撤退時の人件費の問題は、こうやって解決しました。

赤字部門の撤退は正しい決断です。しかし、慌てて撤退すると傷口が広がります。ダメージが最小になるように、計画的に事業をたたむことが大切です。

ひとつだけ、常に赤字事業を温存する理由

P／Lに表れた赤字を放置すると、キャッシュが減ってB／Sも悪化します。

ただ、私は**あえて赤字を放置**することがあります。**赤字には赤字のよさもある**からです。

今期（2017年度）、武蔵野ではトンマなミスが相次ぎました。あまりにひどいので、社員に向けてこう宣言しました。

「増収増益だろうが関係ない。次の賞与は〝少与〟にするぞ！」

どうしてつまらないミスが続出したのか。

事業が好調すぎて、社員が勘違いし始めたからです。

2017年度の春闘で、トヨタ自動車は1300円のベースアップをした。武蔵野は3000円。新卒の基本給も20万円台になった。残業を減らす取り組みも順調で、上期は**過去最高の賞与**にしました。

すると、とたんに社員の仕事が雑になってしまった。**勝って兜《かぶと》の緒《お》はしまらない**。凡ミスの連発です。

こういうときにありがたいのが**赤字事業**です。**赤字事業は人を育てます**。仕事を甘く見ている社員には、赤字事業で事業の厳しさをもう一度思い出してもらう。兜の緒がしまるのは、やはり負けているときです。

社員に危機感を持ってもらうために、武蔵野は**常にひとつは赤字事業を温存**しています。

これは**必要な損**です。前述のとおり、普段しっかり利益が出ているから必要な損ができます。

赤字は「事業承継」の千載一遇のチャンス

もうひとつ、赤字には効用があります。

赤字になれば自社株の評価額が下がって、**事業承継**しやすくなります。会社は株主のものです。オーナー社長が会長に退いて子どもを社長にしても、株主が親なら会社はやはり親のもの。いずれは株を子どもに譲渡して、名実ともに子どもをオーナー社長にしたいものです。

事業が好調なときの株の譲渡は、株の評価額が高いために莫大な資金と税金がかかりますし、銀行からの借入れも発生します。借入れは会社を守ったり成長させたりするために行うべきで、単に税金を払うために借りるのはもったいない。

ならば、赤字で株の評価額が下がったタイミングでやればいい。**赤字は事業承継の千載一遇のチャンス**です。

武蔵野は第45期のとき、持ち株会社をつくり、私が持っていた株の2分の1を娘に譲渡しました。

株の評価額は1円。娘は半分の10万株、10万円で持ち株会社の筆頭株主になった。

株の評価額は、計画的に下げました。3期前に大きく黒字を出して銀行から多額の借入れを行い、その後、**2年半かけて業績を意図的に赤字**にした。**戦略的に評価額が1円になるように、P／LやB／Sを変えていった**。

事前に銀行から資金を調達したので、運転資金は問題ありません。税務署は「継続性の原則」で判断し、3期連続債務超過なら、租税回避にならない。無事に事業承継の一歩を踏み出しました。

その後、法律が変わり、私は**黄金株**の存在を知ります。その際、残りの株式を持ち株会社に譲渡したが、業績がよかったから、5億円を要した。

じつは、私は**株主総会の議決を拒否できる黄金株を1株だけ持っている**。これがあるから、**娘は父ちゃんをクビにできない**。親子げんかしても大丈夫です（笑）。

短期間で事業承継できたのは、株式の評価が瞬時にわかるプログラムを開発した保険サービスシステム株式会社（東京都、保険媒介代理業）の橋本卓也社長に依頼したからです。

事業承継には何十も手法があります。このプログラムを使って私に最適ルートを教えてくれたので、私も「正しく」かつ「早く」決断できました。

なぜ、新規事業は赤字期にやってはいけないのか？

一方、会社が赤字のときに絶対にやってはいけないことがあります。**新規事業**です。赤字事業は撤退もしくは縮小させて、黒字事業に人やお金を振り替えるのが経営の基本です。

では、すべての事業が赤字で、人やお金を投入できる黒字事業がないときはどうするか。ダメな社長は、新規事業をスタートさせて人やお金の受け皿をつくろうとします。しかし、これが会社を危機に陥れます。

中小企業の新規事業は社長が直接見るか、エース級の幹部社員を投入するケースがほとんどでしょう。しかし、赤字の現業から社長が目を離したり、エース級がいなくなったりすれば、赤字はますます拡大します。

一方、新規事業が単月で黒字になるまでは早くても数か月かかる。会社全体としても赤字が膨らみ、倒産にどんどん近づいていきます。

新規事業をやりたいなら黒字のときに限ります。しかも、**社長やエース級社員が1か月いなくても、業績が下がらない体制**が整っていることが条件です。

武蔵野が経営サポート事業を始めたのも、ダスキン事業が好調な時期でした。ダスキン事業からK常務(現在退職)、佐藤義昭、中嶋博記といった優秀な幹部社員を引き抜いて経営サポートに投入したが、ダスキン事業は利益を出す仕組みができていてビクともしなかった。ダスキン事業があったから、経営サポートに思い切った投資ができた。**よりどころになる柱**がしっかりしていると、新しい投資に踏み切れます。

なかには、こう考える人もいるかもしれません。

現業はエース級社員に引き続き支えさせて、新規事業は外部からヘッドハンティングして担当させてはどうか。

これはうまくいきません。

外からきた人が成功すると、元からいたエース級社員は立つ瀬がない。だから新規事業を応援しないし、場合によっては社長の見えないところで足を引っ張る。

逆に、エース級の幹部を新規事業に投入するとどうなるか。

現業の部長がいなくなると、課長が新部長に、一般社員が新課長に昇進します。新しい部長や課長は、新規事業が失敗して幹部が戻ってくることが一番怖い。もともと自分より優秀な幹部が出戻りになれば、再び課長や一般社員に降格させられる恐れがあるからです。自分のいまのポジションを守るため、**現業の社員は新規事業を必死に応援**します。現業のお客様のなかに新規事業を利用できそうなお客様がいれば紹介する。こうすれば、社内から協力を得られ、新規事業が軌道に乗る確率も高まります。

現業が赤字だとエース社員を出せないので、このような流れができません。

新規事業は黒字のときに限ります。

新規事業に踏み切るサインはこう見抜く

現業が黒字でも、本当に新規事業が必要かどうか、よく見極める必要があります。

「人口減少で市場は縮小する。いまのうちに新規事業を立ち上げないとまずい」

このように考えて新規事業を立ち上げる社長もいますが、本当でしょうか？

じつは人口減による市場縮小をそれほど怖がる必要はありません。下がるのは、売上だけではないからです。

原価や経費が下がらずに売上だけが下がったら利益が減ります。しかし、人口減少時代は社員の数が減って人件費総額も下がります。そもそも市場が小さくなれば、ライバル会社も減る。人口減少に合わせてすべてがダウンサイズするので、取り立てて慌てる必要はない。

そのことに気づかずに新規事業をやるとどうなるか。

新しく目をつけた市場も客数が減るので、条件は変わりません。新規参入時は経験やノウハウがないから、むしろ不利です。経験やノウハウがある自分の庭で戦えばいいのに、わざわざいばらの道を歩むから、失敗する確率は高い。

新規事業が必要なのは、現業の市場が人口減でなく、**テクノロジーの進歩などの理由で縮小するとき**です。ガラケーの利用者が減るスピードは、人口減少のスピードより速い。こういうときは新しい市場を見つけないと危ない。現業が利益を出しているうちに新規事業に乗り出して軌道に乗せるべきです。

売上増は「客数」アップから？ それとも「客単価」アップから？

売上を増やす方法は2つあります。**客数を増やすか、客単価を上げるか**です。

では、社長はどちらを選ぶべきでしょうか。

私なら、まず客数を増やすことを優先させます。理由は単純。客単価を上げるより客数を増やすほうが簡単だからです。

1000円の昼定食があります。調理の手間をかけておいしくすれば、2000円で売れますか？

まず売れません。サラリーマンの小遣いは決まっています。奥さんがお小遣いを倍にしてくれない限り、サラリーマンは2000円の定食を食べられない。どうしても食べさせたいなら、翌日のお昼は水で我慢してもいいと思えるほどおいしい定食にしなくてはいけませんが、そんなことは無理です。

一方、ランチに1000円使えるサラリーマンはたくさんいます。狙うなら、客数増です。1000円のわりにおいしいと評判になれば、行列ができる。サラリーマンに一食抜かせるより、こちらのほうがずっと簡単です。

この本だってそうです。1500円の本を3000円にしても売れません。私の本は3000円どころかもっと大きな利益を読者にもたらすが、市場の相場があるため、実際に3000円にしたら手に取ってもらえなくなる。それより2万部が4万部になるように内容を磨いたほうが、ずっと現実味があります。

ところが、自分でモノを売った経験がない社長は、机上の空論で「客数増と客単価増、どっちだって同じじゃないか」と考えてしまう。挙句の果てに、付加価値を高めずに無理な値上げをして、客離れを引き起こす。客単価が上がっても、その分以上に客数が減ると売上は伸びません。これでは本末転倒です。

客数が増えて売上が伸びるのは〝**成長**〟です。

一方、無理して客単価を上げて売上を増やすのは〝**膨張**〟と言う。

膨張は、ちょっとしたほころびですぐ破裂します。売上増を客単価アップで実現させようとするのは無謀かつ危険です。

客単価を上げるのは、**新規開拓で客数を増やして、既存客がリピーターになったあと**です。

いつもきてくれるお客様に追加でデザートを勧めて、1200円にするのはいい。断られても1000円は確保できます。しかし、最初に客単価を上げる戦略を取ると、そもそも店に足を運んでもらえなくなる。売上を増やしたいなら、この**順番を間違えてはダメ**です。

営業マンの訪問回数、滞在時間が長いと売上もアップ

高橋ソース株式会社（埼玉県、ソース製造）の高橋亮人《あきと》社長が、競合商品を使っている会社に営業に行きました。3回訪問したものの、色よい返事はもらえなかった。

「営業のやり方がまずいんですかね。どうしたらいいんでしょう?」

私は即座に答えました。

「自社のお得意さんのところに競合が営業にきて、3回で奪えると思いますか? 普通は

ひっくり返らない。最低でも10回、普通なら30回。それで、高橋社長はお客様のところに何回行ったの？」

営業成績が振るわない人は、うまくいかない原因をトークの技術や商品の質、価格などに求めます。たしかに、それらに問題がある場合もあります。しかし、よく話を聞くと、そもそも**量**が足りていない人が圧倒的に多い。量が足りなければ、どんなにトークの技術があってもダメ。やり方以前の問題です。

営業は、**質より量**――。

そのことはデータで裏づけられています。

武蔵野は「マイページＰｌｕｓ」という自社ソフトを使って、営業活動をすべて記録しています。営業履歴は**お客様ごと**で、いつ、誰が、何分訪問したのかまでデータを取っています。

このソフトで**訪問回数順**にお客様をソートすると、**売上額順**に並べた場合と順位がほぼ重なります。

滞在時間順にソートしても同じ傾向が見て取れます。**営業マンの訪問回数が多く、かつ滞在時間の合計が長いほうが売上も多い**。とてもシンプルな法則です。

葬儀用品、住宅メーカーでは「量」をどうやって管理しているか

量が大切だとわかれば、社長が見るべき数字もわかります。

前にも登場した株式会社イガラシの五十嵐啓二社長は、「マイページPｌｕｓ」を使って営業マンごとに訪問回数を管理しています。目安は1日6～8件。それより少ない営業マンは、やはり営業成績が悪い。

さらにユニークなのは、**移動時間を記録**していることです。

「社員には、**担当地域に集中**して回れ、と指導しています。しかし、お客様の反応を見てすぐあきらめる社員は、逃げるようにしてほかの地域に行ってしまう。そうなると移動時間が長くなるので、一目瞭然でさぼっているかがわかる。**商談時間と移動時間は4対6が目安**。2対8くらいで移動時間が長い社員は、成績もよくない」（五十嵐社長）

一方、**営業プロセスを細かく分解して管理**しているのが、ＡＬＬＡＧＩ《アレジ》株式会社（大阪府、住宅メーカー）の谷上元朗《たにうえもとあき》社長です。

図表9　営業活動数値表

営業活動数値表（月別）

2017年～

営業名	活動内容		1月	2月	3月	4月	移行率
谷上富彦	初回接客時	来場	0	5	12	5	
		記名	0	5	12	5	
		有効	0	4	7	2	100.0%
		着座	0	3	6	1	76.9%
		1時間以上	0	3	5	1	69.2%
		次回アポ	0	2	3	0	38.5%
	随時	申込	0	1	1	1	23.1%
		申込解除	0	0	0	0	0.0%
		契約	0	0	0	0	0.0%

住宅営業は、資料請求してきた見込客に電話をかけて、展示場にきてもらい、次回のアポにつなげる流れで行われます。谷上社長は、営業マンごとに電話をかけた件数を記録。足りていなければ指導が入ります。

ココから先がおもしろい。

電話した見込客のうち**何人来場してもらえたか**、来場者のうち**名前を書いてもらえたか**、そのうち**着座につながる一手が何人に対して有効**だったか、そのうち**何人説明を聞くために着座したか**、そのうち**何人1時間以上話したか**まで、営業プロセスごとに件数を記録して可視化。さらに次のプロセスへの**移行率**に目標設定して管理している。

着座した見込客のうち、1時間以上話す次のプロセスへの移行は69・2％、そこから次回アポを取るのは38・5％といった具合です（↓図表9）。

「もし次回アポへの移行率が低い営業マンがいれば、トークに問題があるとわかる。移行率が低い社員に対しては、ロールプレイングさせるなどしてスキルを磨かせます」（谷上社長）

スキルを磨いて営業の質を高めれば、次のプロセスへの移行率は高まります。ただ、いくら移行率を高めても、最初に電話する件数が少ないとどうにもならない。あくまでも、**量があっての質**です。谷上社長もそのことがわかっているので、電話を何件かけたかを含めて営業活動を毎日メールで報告させて、量を管理しています。

手間やお金をかけずに「量」を増やす方法

営業は量次第です。ところが、そのことに気づいている人でも量を増やすことに躊躇します。量を追求すると、働く時間が長くなってきついと思っているからです。

たしかに、単純に量を増やせば負担も増えます。しかし、そこは頭の使いよう。いくらでも工夫の余地はあります。

私は妻を口説くときも量を重視しました。毎日1枚ずつ、30日にわたってハガキでラブレターを送った。妻は、私が毎日机に向かってハガキを書いたと思った。自分のためにそんなに手間をかけてくれるなんて情熱的ね、というわけです。

じつは違います。私は30日分をまとめて書いて、毎日1枚ずつ投函した。まとめて書けば、労力はさほどかからない。作戦勝ちです。

営業も同じです。**手間やお金をかけずに量を増やす方法**はいろいろあります。

〝穴熊社長〟が現場に出たら、楽しくて仕方がない

客数を増やす特効薬があります。社長の直接営業です。

株式会社マキノ祭典（東京都、葬祭業）の牧野昌克社長は、自分で営業に行かない、本社にこもりっぱなしの〝穴熊社長〟でした。しかし、尻をたたいて社長自ら営業したとこ

ろ、いきなり受注件数が**過去最高**になった。

どうして社長の営業が効果的なのか。社長の肩書を持った人が訪ねてくれば門前払いしにくく、決裁権を持つ職責上位の人と会える確率も高いからです。

株式会社三洋（山形県、農業資材）の石田伸社長は、若いころに営業経験があったものの、社長になってからはさぼってばかりで、社員に任せきりでした。

新規開拓のため九州に飛んで自ら営業することになったので、わが社の久保田将敬部長をインストラクターとして同行させました。

石田社長は当初、「こんにちは。株式会社三洋です」と挨拶していました。しかし、この程度の挨拶では社長営業のアドバンテージを活かせません。久保田は「社長が直接営業しているのだから、社長だとはっきり名乗りましょう」とダメ出ししました。

「社長だと自らアピールするのは恥ずかしくて抵抗がありました。でも、勇気を出して『山形からまいりました、株式会社三洋社長の石田です』と切り込んだら、**受付を簡単に突破**できるようになった。最初は九州に行くのが億劫《おっくう》でしたが、いまはよく売れて**楽しくて仕方がない**」（石田社長）

前述の株式会社三井開発の三井隆司社長個人による2017年1~9月のお客様訪問回

数は**４１８９回**。売上も順調に伸びています。

全社員による会社別の訪問回数トップは１０５回のD社、2位は92回のT社です。

三井社長は毎週1回、営業マンに自分のかばん持ちをさせ、自ら「水質分析サービス」の新規の飛び込みをしながら、従来のお客様も訪問し、市内を10軒ほど回ります。

社長に同行する社員は絶対にさぼれません。営業マンではなかなか会えない会社で、「工場長はいらっしゃいますか？」とダメもとの質問をしたところ、工場長が出てきた。

社長の名刺は強い。

９０００万円の営業赤字から５０００万円の黒字にV字回復

社長自ら営業するメリットがもうひとつあります。

新しい市場を切り拓かなければ、会社は継続的に成長しないと肌で理解できることです。

阪神佐藤興産株式会社（兵庫県、大規模改修・塗装）の佐藤祐一郎社長は、MG（マネジメントゲーム）のインストラクター資格を持っています。MGは会社経営を体験できるシミュレーションゲームで、武蔵野でも社員研修に取り入れています。ただ、佐藤社長はMGにのめり込みすぎて、現実との区別がつかなくなっていた。MGでは最初から売れる市場が用意されています。しかし、現実は違う。市場でお客様を自分でつくらなければなりません。

市場が成長しているときは、そのことを忘れていても大丈夫です。しかし、市場が縮小し始めると、もうお手上げです。

「ビル・マンションの大規模改修市場は、いまも成長しています。しかし、成長しているがゆえに新規参入が相次ぎ、競争が激化。仕事が激減するとともに発注者であるゼネコンにも買いたたかれて、13億円あった売上が7億円に減りました。小山さんが『MGばかりやっていると、市場がずっとあると勘違いしてしまうぞ』と言った意味がやっとわかりました」（佐藤社長）

慌てた佐藤社長は、自ら直接営業をスタート。新規開拓のターゲット80社を選んで訪問した。

「ゼネコンの下請けでは未来がない。大規模改修を直接請け負うために、これまで接点がなかった介護施設にアプローチしました。おかげで介護施設の仕事が取れたり、ほかの不動産を紹介してもらえたりするようになった。自ら営業に出て、市場をつくる大切さを痛感しているところです」

阪神佐藤興産は、２０１５年度は９０００万円の営業赤字でした。しかし、社長が営業に出て、**今期（２０１７年度）は営業利益が５００万円の黒字にV字回復**した。社長の営業は、業績に大きなインパクトを与えるのです。

お客様は数字で〝区別〟しても〝差別〟せず

経営サポート事業部から社長の小山に月初に届くのは、会員の方々が武蔵野に支払った受講料ランキングの一覧です。受講料順に上から並んでいるのは、お客様を**〝区別〟**するためです。

お客様は受講料によって**５色**に分けられます。色は上から黒、青、緑、黄、赤。受講料１０００万円以上は黒。**あとは信号と同じ**です。新入会の社長はこなくなる危険があるので赤です。

ランクによって待遇も異なります。まず、セミナーの申込順が違います。また、受けられるプログラムも違います。全国の社長が私のかばんを持つ「1日36万円のかばん持ち」プログラムを受けられるのは会員のなかでも限られています。2017年11月現在、**70人・1年3か月待ち**の人気で、1回目は**年間受講料750万円以上**でできます。2回目以降は**年間受講料1000万円以上**でなければできません。年間受講料950万円の社長はもう一度「かばん持ち」をするために、わざわざ追加でセミナーを申し込む。さらに、「プレミアムかばん持ち」は**1日50万円**。これは、入会後、**受講料累計1億円以上**が条件で、資格がある会社は**23社**しかない。受講料による区別は大きい。

受講料で待遇を変えるのは〝差別〟だと受け止める方もいるでしょう。

しかし、それは間違いです。

ダスキン事業のクリーンサービスのお客様単価は平均2500円。一方、経営サポート事業のお客様単価は**500万円**。経営サポート会員の社長をダスキン事業のお客様と同じに遇したら、社長から間違いなく不満が出ます。受講料が違えば待遇が異なるのも当然です。

〝差別〟とは、数字という客観的なモノサシを使わず扱いに差をつけることを言います。

日本の官僚で出世できるのは、一流大学を卒業した人だけです。そもそも中卒や高卒は国家公務員採用総合職試験（昔の国家公務員I種）の受験資格すらない。これが差別です。武蔵野に差別はありません。役員だった故Nは、高校を1年で自主的に卒業した〝超エリート〟。官僚なら受験資格をもらえませんが、事業責任者として結果を出し、学歴に関係なく出世した。担当事業の業績は客観的に測れます。それで地位や給料に差をつけるのは、**差別ではなく〝区別〟**です。

お客様を受講料で分けるのも同じ。私が気分でお客様に差をつければ差別ですが、**受講料で差をつけるのは〝区別〟**です。

重点的に攻めるべきお客様をどう見抜くか

さて、なぜお客様を受講料順に区別するのでしょうか。**既存客を区別することで戦略的な営業ができる**からです。

営業のリソースには限りがあります。すべてのお客様に量で営業をかけるのは難しい。

売上を伸ばすためには、優先順位を決めてアプローチする必要があります。

では、どのようなお客様を重点的に訪問すべきか。

売上上位のお客様です。いま売れている商品とそうでない商品なら、売れている商品に力を入れたほうが全体の売上が伸びます。お客様に対しても同じ。よく買ってくれるお客様とあまり買ってくれないお客様がいるなら、よく買ってくれるお客様にアプローチしたほうが売上は伸びます。

ただ、お客様を整頓していないと、どこにアプローチすればいいのかわかりません。

そこで訪問すべきお客様を一目で把握できるように売上順に並べる〝**お客様情報の環境整備**〟が必要です。

優先順位を決めるときは、売上順に加えて**拡販余地**も考慮します。

売上が1000万円あるお客様でも、教育研修費の予算が年間1000万円なら追加でセミナーに申し込んでくれる可能性は低い。逆に売上300万円でも、年間予算が2000万円ならいいお客様になる可能性がある。

ただ、拡販余地は売上のようにはっきり計測できません。だから**営業履歴にプラスアルファで「定性情報」を残す**必要がある。

武蔵野は、訪問後、**お客様先で交わした会話**を「マイページPlus」に書き込ませています。社員が自分の都合のいいように作文しないように、**お客様が言ったことをそのまま「」（カギカッコ）で記録**させる。会話のなかに「ほかにこんなところでセミナーを受けている」と出てくれば、おおよその予算がわかる。

部長や課長は売上額にそれらの定性情報を加味して、重点的に訪問するお客様を決めていく。これで効果的な営業が可能になります。

「増分売上」で客単価を上げるには

売上は**「客数×客単価」**で決まります。新規開拓で客数を増やしたら、次は客単価を上げる戦略を**同時進行**させます。

狙うのは**「増分《ましぶん》売上」**です。

増分売上とは、人件費などの内部費用をかけずに増やす売上のこと。わかりやすいのは、ファミリーレストランのレジ横に置かれたおもちゃでしょう。

お客様はおもちゃを買いにレストランにきたわけではありません。しかし、子どもがせがむからつい親が買ってしまう。これで親子4人の会計が4000円から4500円になる。立派な客単価アップです。

このとき追加費用として発生しているのは、おもちゃの仕入代だけです。おもちゃのために新たに人を雇うわけではありません。このように**内部費用を増やさずに追加で増やせる売上が「増分売上」**です。

「増分売上」を狙う理由は、営業利益への貢献が大きいからです。

図表10を見てください。「増分売上」で利益率の低い売上を増やします。増分費用は宣伝費だけで人件費は変わらないので、粗利益の増加分がそのまま営業利益に反映されます。このケースで、**「増分売上」が増えただけで営業利益が約3倍**になります。これを狙わない手はない。

増分売上をつくる方法はいろいろあります。

先日、ある回転寿司店に行きました。その店には、食べた皿を5枚入れると景品が当たるゲームがある。4皿食べると、「あと1皿!」と、景品ほしさに追加で皿を取ってしまう。これが「増分売上」の考え方です。

図表10　「増分売上」の仕組み

	売上	増分売上	合計
売上	100	50	150
仕入	50	30	80
粗利益	50	20	70
人件費	30	0	30
経費	10	2	12
営業利益	10	18	28

約3倍へ！

飲食店でよく見かける「利き酒セット」もそうです。単品なら頼まないお酒も、「少量で飲み比べできるなら」と手が伸びてしまう。のんべいの心理をよく理解した作戦です。

「増分売上」は、追加でモノを売る以外の方法でも増やせます。

福島県の新白河でセミナーをやるときは、駅前のおそば屋さん「茅《かや》の器《うつわ》」でランチをします。ココを営んでいるのは、経営サポート会員である有限会社そのべ（飲食業）の園部幸平社長です。空いている時間にランチをしたいので、私たちは多い日は100名で11時半に入店する。食事が終わって店を出る時間は12時少しすぎでした。

店を出ると、行列ができていました。忙しいランチタイムは、行列を見て別の店に行ってしまう人も多い。そこで次回から、仕入価格が高く利益率が低く提供スピードが速い「親子丼」や「うな重」を頼むことにした。12時ちょうどに店を出るから、回転率がよくなります。行列を見てあきらめていたお客様が入れば「増分売上」です。園部社長は気づかなかったが（笑）、私たちが10分前倒しして以降、売上は増えています。

新たに人を増やすとなればためらう社長も、人を増やさなくていい「増分売上」ならトライしやすい。ぜひ、ひと工夫してください。

なぜ、ラブストーリーをつけると高く売れるのか

客単価は追加で売るだけでなく、値上げをすることでも上がります。ただ、値上げをすれば普通は客数が減ります。その減り方が激しいと、かえって売上は下がる。

値上げをするなら、お客様が納得する付加価値をつける形でやるべきです。客数を減らすことなくうまく値上げできたら、値上げ分が「増分売上」になって利益に大きく貢献し

ます。

では、どうやってお客様に納得してもらうか。

大切なのは、**ラブストーリーをつける**ことです。

何の変哲もない白いハンカチが1000円で売っています。このハンカチが世界的スターが汗を拭いた現物なら、20倍の2万円で売れるかもしれません。

ビールよりワインが高く売れるのは、「どこどこの畑のブドウを使った」というラブストーリーがついているからです。サバやアジ、イカもそう。同じ海域で獲れたサバやアジでも、四国側でなく大分県の佐賀関《さがのせき》で水揚げすれば「関《せき》サバ」「関《せき》アジ」になって全国から注文がくる。九州北岸の玄界灘で獲れたイカは、福岡や長崎でなく佐賀県唐津《からつ》市呼子《よぶこ》町で水揚げすれば、「呼子のイカ」となって高く売れる。こうしたブランドも一種のラブストーリーです。

ピアノを専門で運ぶ池田ピアノ運送株式会社（神奈川県、池田輝男社長）は、じつはピアノの運送（売上の15％）よりも**精密機械の運送**で業績を伸ばしています。

あの重たくて壊れやすいピアノを正確に安全に運ぶというイメージが、精密機械メーカーに受け入れられています。

「荷扱いが丁寧で、早くて、スタッフのマナーがよい」と多くのお客様の声が届いている。私は、いつも「ちょっとだけピアノ」と言っています（笑）。

愛に原価は関係ありません。原価は同じでも、お客様の心をくすぐるストーリーがつけば、向こうから身を乗り出して高いお金を払ってくれる。これがラブストーリーの力です。

〝爆成長〟している整骨院の一石二鳥戦略

株式会社ケイズグループ（千葉県、整骨院）の小林博文社長は、それまで500円でやっていた矯正メニューを3780円に値上げした。従業員教育に力を入れてスタッフのスキルは年々上がっていますが、それにしたって揉み方が7倍うまくなるわけはない。

なぜ値上げできたか。

整体師による「マッサージ」ではなく、柔道整復師（以下、柔整師）による「治療」を打ち出したからです。整体師は民間資格で誰でもなれるため有資格者がゴロゴロいるが、柔整師は国家資格で、整骨院では、柔整師が施術をすることで一部保険も使える。治療ならお客様は高くても納得する。また、30分いくらのマッサージのように時間に縛られることなく、短時間で施術して回転を上げることもできる。**一石二鳥**です。

小林社長はラブストーリーをよく理解していますが、逆にまだよくわかっていない社長もいます。

2017年夏、私は妻と世界遺産の知床《しれとこ》に行きました。宿泊は、経営サポート会員でもある有限会社しれとこ村(北海道、旅館業)。いい宿ですが、桂田精一社長は有名百貨店で個展を行うほどの元陶芸家で、突然ホテル経営を任され、右も左もわからないド素人。

運よく何もわからないから、小山にアドバイスされたことは「はい」「YES」「喜んで」ですぐ実行した。知床観光船が売り出されたとき、私は「値切ってはダメ! 言い値で買いなさい」と指導した。世界遺産のなかにあるホテルが売り出されたときも、「買いなさい。自然に溶け込む外壁にしなさい」と指示した。すると、**赤字の会社があっというまに黒字**に変わった。

ただ、社長はラブストーリーの効果を知らないので、ところどころでもったいないところがあった。

当時の旅館の名前「国民宿舎桂田」も無味乾燥で、お客様がラブストーリーを感じない。

「夕映えの宿」と知床らしい名前に変えるべきとアドバイスした。知床の冬は寒すぎて客数が減りますが、それなら寒さを逆手に取って、外にテントでも張ってマイナス20度の世界を体験できるプランを販売すればいい。ハイボールも、普通の氷の代わりに氷柱《つらら》(自然の氷柱は保健所が許可しないので人工でつくった氷柱)を使えば、倍の値段で売れます。私は観光で行ったはずなのに、結局、経営指導して帰ってきました(笑)。

「昇進5回、降格4回」と書かれた名刺に釘づけ

商品の付加価値を直接高めることが難しければ、**売り方や売る人**にラブストーリーをつけます。

経営サポート事業の「社員塾」は受講料ひとり30万円と、決して安くありません。それでも人気なのは、受講者にこう伝えているからです。

「みなさん、会社に帰ったら『研修に行かせてくれてありがとうございました』と社長に言ってください。このひと言で社長はニコニコですから!」

最初から30万円以上の価値のある研修ですが、そこに社員に感謝されるオマケがつくから、社長は喜んで社員を送り込んでくれます。

経営サポート事業部の八木澤学課長は、これまで昇進を5回、降格を4回経験した。めずらしいキャリアなので、名刺の肩書の下に**「昇進5回、降格4回」**と書き入れている。名刺を受け取った人は十中八九、「降格4回って、何をやらかしたのですか!?」と八木澤に関心を持ってくれる。営業マンにラブストーリーをつけたわけです。

お客様の心をくすぐるラブストーリーは、いたるところに転がっています。うまく活用すれば、高く売っても客数減を防げます。

値上げのインパクトを減らすテクニック

値上げにふさわしいラブストーリーがないなら、**値上げのインパクトを弱める工夫**も可能です。

10個入り1000円の商品を、パッケージを変えて9個入りにする。1個あたり111

円で11％の値上げなのに、値段が据え置きなのでお客様は値上げだと感じません。

あるいは逆に、「1個増量」とデカデカと書いて1200円にしてもいい。これは1個あたり109円（9％の値上げ）で、お客様は「1個増えたから仕方がない」と納得しやすい。

経営サポート事業の人気プログラム「プレミアム箱根合宿」は、3泊4日で150万円でした。

内容が濃いので、「3泊4日ではボリュームが多すぎて消化しきれない。2泊3日くらいでいい」と株式会社小田島《おだしま》組（岩手県、建設業）の小田島直樹社長がアンケートに書いた。そのことを新卒の佐藤有紗が教えてくれた。

武蔵野は自社都合ではなくお客様都合で考えます。研修日を1日短縮して2泊3日にした。それで料金をどうしたか。

普通は1日短縮した分、料金を下げます。しかし、私は**150万円**に据え置いた。

それにもかかわらず、相変わらずの人気で、毎回キャンセル待ちが数人います。

なぜ、実質値上げなのに、客数が減らなかったのか。

まず**定員15名を12名**に変更して、ひとりあたりの指導時間を濃くした。その分、お客様満足度は高まっていて文句は出ない。日数が減った分、開催数は増えているので売上は上がった。

「実践経営塾」は内容が濃く、10回以上受講する社長が多い。そこでリピーターのために、180万円のセミナー料金を**2回目は162万円、3回目以降は1回目の半額の90万円**という料金設定にしました。**値下げ**になるので、社長はお得に感じます。

しかし、実際は値上げをしています。

じつは3回目になると、社長はすべてのカリキュラムを受けるのではなく、理解できていないところだけを選んで受講します。受講回数が10回以上の勉強熱心な社長になると、一度にできないと知り、カリキュラムの4分の1くらいしか受講しません。半額にして受講数が4分の1なら、1コマあたりの単価は値上げになります。

ところが、お客様は値上げのインパクトを感じておらず、人によってはむしろ得をしたと思っている。このように**値上げと同時にほかの要素を変える**ことで、お客様に与える印象は変えられます。

値上げは、売れる商品と売れない商品を見極める絶好のチャンス

値上げのインパクトを弱めるために、消費税率引き上げのタイミングで値上げするという方法もあります。

前述したネットカフェなどを展開するタイムス株式会社が運営するリサイクルショップは、もともと内税方式で商品を販売していました。しかし、２０１４年４月に消費税が８％になったとき、高畠章弘社長は頭を悩ませた。リサイクルショップは、この古着はいくら、このＤＶＤはいくらと、１点ごとに値段がつきます。内税方式では税率引き上げに合わせて１点ずつ値札を貼り替える必要があり、とても対応できそうにありませんでした。

「どうしようかと悩んでいたとき、小山さんの声がたまたま聞こえてきました。小山さんはほかの社長に『内税を外税にして、値札をそのままにすれば儲かるのに』と悪魔のささやきをしていた。これだと思って、さっそくパクりました（笑）」（高畠社長）

消費税５％の内税方式だと、１００円の値札の商品は税抜96円です。値札そのままで消

費税8％・外税方式になれば、お客様は108円払って、税抜価格が100円に。お客様が支払う価格は8％の値上げ。税抜価格で4％の値上げです。単純計算なら売上は8％伸びて、粗利益は4％増える。リサイクル部門は年商5億円で、**4000万円の「増分売上」**です。

もちろん、値上げをすれば販売数量は減る。しかし、消費税率の引き上げと本体価格の値上げを2度に分けて行うより、一緒にやったほうが減り方は小さい。いずれ値上げを考えているなら、こうしたチャンスは逃さないほうがいい。

一気に値上げして、売れなくなった商品が出てきたら？

値上げして売れなくなる商品は、そもそもニーズが低い商品です。そのことが明確になったのだから、もう仕入をやめればいい。**値上げは、売れる商品とそうでない商品を見極める絶好のチャンス**です。

スーパーを経営している有限会社中央市場（秋田県）の金沢正隆相談役も、消費税増税で苦しんだひとりです。

私の消費税の外税方式のアドバイスを聞かずに、幹部に押し切られて内税方式でスタートしたが、業績はダウン。そして、半年後に外税方式に変えると、業績は**急回復**しました。

「売上上位」ではなく「粗利益上位」のお客様を大切に

値上げの決断は、社長にしかできません。幹部や社員に任せると、売上を少しでも増やしたくて、利益率が悪くなるのもおかまいなしに値引きします。その結果、赤字になっても、どこ吹く風で仕事をしています。

ダスキン事業では、かつて私がお中元・お歳暮の季節に売上上位のお客様へ挨拶に伺っていました。

ところが、あるお客様に胡蝶蘭《こちょうらん》を持っていったら、「こんなものはいらない。もっと商品を安くしろ」と言われ、おかしいと思った。

じつは、このお客様には、社員が仕入価格を下回る価格で販売していました。

私が「売上、売上」と言って粗利益額のチェックを怠っていたからです。

そこで翌年、**訪問基準を「売上」から「粗利益」に変更**しました。

社員は売上第一で、利益率が下がって赤字になるリスクに関心がありません。だから赤字のお客様のところに私を連れていっても、何も疑問に感じません。**私がバカだったと気づきました。**

「売価」と「仕入値」は、社長が決めなさい

じつは仕入値についても同じことが言えます。仕入担当者は、業者の担当者にいい顔をしたい。だから、つい高い価格でOKする。結果、粗利益率が悪化して赤字に近づいてしまう。じつに危険です。

具体的に数字で見てみましょう。

図表11は、売上高8億3060万円、仕入が3億6710万円で、粗利益率55・8%、経常利益が3000万円の会社のP/Lです。

もし仕入担当者が業者に〝仲よし負け（↓107ページ）〟して、仕入価格を2・26%高く仕入れたらどうなるか。

試算1では、仕入価格が2・26%増となるように、粗利益率を1・0%下げただけです

図表11　利益計画検討表

（単位：百万円）

項目		目標	試算1	試算2	試算3
			仕入値2.26%増	仕入値8.17%増	仕入値8.17%減
売上高		830.6	830.6	830.6	830.6
仕入		367.1	375.4	397.1	337.1
粗利益		463.5	455.2	433.5	493.5
内部費用	人件費	218.2	218.2	218.2	218.2
	経費	118.5	118.5	118.5	118.5
	販売促進費	80.4	80.4	80.4	80.4
	減価償却費	15.5	15.5	15.5	15.5
	計	432.6	432.6	432.6	432.6
部門営業益		30.9	22.6	0.9	60.9
本社費		0.0	0.0	0.0	0.0
営業利益		30.9	22.6	0.9	60.9
営業外収益		2.6	2.6	2.6	2.6
営業外費用		3.5	3.5	3.5	3.5
経常利益		30.0	21.7（−8.3）	0.0	60.0
損益分岐点比率		93.5%	95.2%	100.0%	87.8%
損益分岐点		776.8	791.0	830.6	729.6
労働分配率		47.1%	47.9%	50.3%	44.2%

60−30＝30
仕入値が8.17%下がると経常利益は3000万円増加する

が、経常利益は目標の３０００万円から２１７０万円に下がります。仕入担当者が甘いと、経常利益がじつに**８３０万円**もふっ飛びます。

〝仲よし負け〟が行きすぎて、仕入価格８・17％の値上げを飲まされたらどうなるでしょう。

試算２では、粗利益率が３・６％も減り、経常利益はなんと**ゼロ**……。恐ろしいですね。

もちろん逆に粗利益率を高めれば、経常利益はグンと増えます。

試算３では、仕入価格８・17％の値引きに成功したら、粗利益率は３・６％アップして経常利益も２倍の**６０００万円**になります。

粗利益率の管理次第で経常利益がゼロになることもあれば、２倍に膨らむこともあります。これほど大切なものを社員に一任していてはいけません。

売値も、仕入値も、社長が決めるべき。

業者との交渉は社員に任せるとしても、最終的に社長自身がチェックしてください。

協電機工株式会社（熊本県、建設業）の藤本将行社長は、経営計画作成合宿で私から受けた指導を守り、**１年間で計画値よりも粗利益率を４％上げた**。

私の指示は「原価を下げるために、仕入に社長がメスを入れろ。チェックを強化せよ」

でした。

藤本社長が今期（２０１７年度）に入って実行したのは、**１０００万円以上の大工事はすべて社長直轄**にしたことです。

外注と資材の仕入については**３社見積りをルール化**し、原則、実行予算書で3社見積りが出ていないものは発注させない仕組みとした。そのことで**決裁前発注を激減**させ、**締日10日後の現金支払いを会社の強みとする**ことを社員に繰り返し教育しました。

仕入値は「とにかく安ければいい」は大間違い

仕入担当に「あーしろこうしろ」と言うと、ふてくされます。ですから、おかしいと思ったら、「なんで」「なんで」と聞く。**社長が数字を見ていることがわかると、仕事の仕方が変わります**。

社員は高く仕入れて安く売るのが正しい。仕入先、お客様に喜ばれ、仕事もラクです。

しかし、社長が「なんで」「なんで」と聞くと、仕入値が8・17％下がり、経常利益が

3000万円増加する（↓図表11）。そうしたら、この担当者を呼んで、**「おまえはわが社の宝だ」**と言ってください。言うのはタダですが、社員は舞い上がります。

ただし、仕入値は、**とにかく安ければいいわけではない点に注意**です。

ここ数年、イカが不漁で仕入価格が高騰し、イカの加工業者が悲鳴を上げています。まるか食品株式会社（広島県、加工業）の川原一展《かずのぶ》社長は、イカの仕入価格が高騰しても1年分を仕入れた。このことで「イカ天瀬戸内れもん味」を安定的にお客様に供給でき、大人気です。

仕入値は1円でも安いことが正しいと思っている社長は、こうした経営判断ができません。**高く仕入れることも含めて総合的に判断**するべきです。

往路はヤマト、復路は違う会社でコストダウン

地方でセミナーを行うときは、必要な機材を東京から会場に宅配便で送ります。

万一、遅配が起きると大変なので、運送業者は最も信頼性が高いといわれるヤマト運輸に依頼しています。

ところが、わが社の社員は何も考えていない。セミナーが終わって機材を東京に送り返すときもヤマト運輸を使っていた。私はそのことを知り、すぐに「帰りは次から料金の安いA社を使え」と指示しました。

帰りは1~2日の遅配が起きても困りません。確実に着くが料金も業界トップクラスのヤマト運輸より、到着日は遅くなるが料金が低いほかの業者で十分に用が足ります。

社員はどうしてムダに気づかなかったのか？

仕事が〝風景〟になっていたからです。正しいやり方でも、同じことを繰り返しているうちに**「その仕事は何のためにあるのか」**を忘れて、手順どおりにこなすだけになる。目的と手段が逆転する。

仕事を取り巻く環境は常に変化します。かつては最適だったやり方も、いまは違うかもしれない。本来は、そうした視点で仕事をときどき見直す必要があります。ところが、仕事が風景になっている人はそこに気づかず、ムダにコストを発生させてしまう。

ムダなコストは経費増につながり、営業利益を圧迫します。仕事が風景になっていると、

P/Lも悪化する。

社員は、仕事を風景にするのが大得意です。政策勉強会で、誰も使っていないピンマイクが置いてありました。「これは何?」と聞いたら、

「去年、借りたので、とりあえず今年も借りました」

経営サポート事業でも、こんなことがありました。

セミナー会場から懇親会会場への移動にタクシーを予約した。ところが、呼んだタクシーのうち7台が余っている。きてもらうだけでお金はかかるのでムダな経費です。

なぜ使わないタクシーを呼んだのか。

担当者に原因を聞くと、

「セミナーだけ参加して懇親会にこないお客様がいたから」

セミナーには80人参加し、1台4人として計20台呼んだものの、結局、懇親会に参加するのは13台分の人数だったからでした。

いまはタクシーを予約する前に、セミナー参加者に懇親会への出欠を確認します。仕事が風景になると、こんな簡単なことにも気づかなくなります。

私自身も仕事が〝風景〟になっていた

偉そうに言っていますが、じつは私自身も仕事が風景化していました。

この夏まで、地方出張は原則日帰りにしていました。インバウンドの影響でビジネスホテルの料金が上がっていたからです。いまは一時より落ち着いていますが、私はそのことに気づかず、原則日帰りのルールを見直さなかった。

おかしいと気づいたのは、**P／Lをチェックして営業利益が減っている**ことがわかってから。

売上と粗利益が増えて営業利益が減るのは、**経費増**が原因です。そこで経費を洗い出したところ、**交通費が異様に増えていて、原則日帰りが間違い**と気づきました。

現在はルールを変えました。

大阪で月曜と水曜に仕事があれば、月曜から水曜まで行きっぱなしでいい。

この場合、交通費は1万5000円×1往復で3万円。宿泊費が1泊1万円×2泊で

2万円。経費は5万円です。以前は宿泊費がゼロですが、交通費が2往復で6万円かかった。ルールを見直したことで**経費が1万円減りました**。

ムダがなくなったのは経費だけではありません。移動が1往復なくなれば、片道3時間×2で6時間分が浮きます。その浮いた時間を大阪にいて好きなことに使えばいい。間の火曜も合わせて、遊んでいてもＯＫです。

実際は、私が「遊べ」と言っても社員は仕事をします。武蔵野は積極的にシステム投資をして、東京にいなくても仕事ができる環境を整えている。ぽっかりできた時間を使って事務仕事の処理だけでなく、自分の成績を上げようと大阪のお客様のところに営業に行く。そこは社員の自主性に任せています。

２０１７年10月からは、出張時のチケット購入のルールも変更しました。

１００キロ以上離れた都市に出張する場合（複数都市への出張は除く）は、実費ではなく正規料金による定額精算にしました。

新幹線で東京・新大阪間を往復で購入すると、片道ずつ買うより乗車券が少し割安になります。ＪＲ東海の「ＥＸ予約サービス」を使うとさらに割引になる。正規料金との差額は個人のお小遣いです。帰りの新幹線で、缶ビールがもう1本増える（笑）。

人件費を減らすには、ムダな仕事を減らすのが一番

経費のなかで最も大きいのは**人件費**です。利益を増やすために給料を減らしてはいけない。給料を削れば、社員の士気に影響が出て、売上が下がりかねません。人件費を抑えたければ、**ムダな仕事を減らす**のが一番です。その結果、残業がなくなれば、社長も社員もうれしい。

株式会社末吉ネームプレート製作所（東京都、印刷・同関連業）の沼上昌範社長も、仕事が風景になっていたひとりでした。同社の製造形態は、朝一番に製造部門への手配を行うことになっていました。製造部門の最終工程は、パートがあがる午後4時以降になるため、ほぼ社員だけでつくっていました。数少ない社員数のため、毎日残業代が発生して、経費を押し上げていました。

しかし、よくよく話を聞いてみると、製造部門への手配はすべて朝一番である必要はなかったのです。モノによっては製造部門への手配を午後一番で行い、最終工程が終わる時

間を午後4時までに持ってくれれば、前日に残業して製造しておく必要はない。パートが出勤してからみんなで一斉につくれば間に合うし、そのほうが短時間でできます。それまでかかっていた残業代は不要になり、ムダな人件費を使わずにすみます。

これだけで利益が2500万円アップ!?

ムダな仕事といえば、**移動**もそうです。移動中は何も生産できないので、短ければ短いほどいい。私は常々、「中小企業は商圏をむやみに広げず、地域で圧倒的ナンバー1を目指せ」と指導していますが、商圏をコンパクトにすれば移動時間が短くなることも理由のひとつです。

ところが、株式会社低温（奈良県、運送業）の川村信幸社長はそのことがわかっていなかった。低温は奈良県内で冷蔵運送を行っていますが、顧客からの要請で、和歌山にも1台車を出して運ばざるを得なかった。川村社長は自社の社員に和歌山ルートを任せ、その分、手薄になった県内の配送の一部を外注業者に出しました。

これは大間違いです。

外注業者は決まった仕事しかしませんが、社員は臨機応変に仕事ができる。時間あたりの生産性が高いのは社員のほうです。それなのに、社員を和歌山まで長距離移動させ、移動が短時間ですむ県内を外注業者に任せた。人件費を考えるなら、**逆が正しい**。

そのことを指摘したら、素直な川村社長は**社員と外注業者の大半の担当を入れ替えた**。これだけで**利益が年間2500万円増えました**。

仕事のやり方を見直せば、その仕事に張りついている人件費をスリム化できます。社員をリストラしなくても、人件費は減らせます。

なぜ、月500万円のJR新宿ミライナタワーを借りたのか？

経費を削れば利益は増えますが、経費は「投資」の側面もあります。

ムダな経費を削ることは大切ですが、攻めの経費をケチると売上が落ちます。この経費は攻めなのか守りなのか、その見極めが肝心です。

武蔵野は２０１７年2月、ＪＲ新宿ミライナタワー10階にセミナールームをオープンしました。ミライナタワーはＪＲ新宿駅直結のオフィスビルで、ミライナタワー改札からわずか徒歩15秒。便利なだけに賃料は高く、**月５００万円**もします。

じつは社員が「ミライナタワーを借りたい」と稟議をあげてきたとき、さすがの私も却下しました。当時、武蔵野には営業所が23拠点あり、賃料は月１５００万円でした。ミライナタワーを借りる場合、新宿近辺のセミナー会場を全部閉めて1か所に集約する計画でしたが、新宿近辺の会場費は月３５０万円。ミライナタワーに移したら、月１５０万円、年間１８００万円の経費増になる。さすがにこれには私も腰が引けた。

しかし、1か月後、社員が2回目の稟議をあげてきたとき、私はＯＫを出しました。**採用のための〝攻めの経費〟になる**と踏んだからです。

学生はブランド力のある会社が大好きです。働き始めれば都下の営業所に配属されますが、就活中はまだわからない。職場が駅近の最先端オフィスなら、それだけでいいイメージを抱いてくれます。会社説明会やその後の選定プロセスで武蔵野のリアルな姿を理解してもらいますが、その機会をつくるためにも、最初はいいイメージを打ち出す必要がある。ミライナタワーは、そのイメージづくりに一役買うと考えました。

実際、ミライナタワーを借りたあと、会社説明会の人数が激増しました。採用担当の浅岡広季課長は毎回、来場者数を予測して準備をします。少なく見積もったわけではありませんが、今年はすべて予測を上回る人数がきました。セミナールームは最大150席ですが、159人きて、入れずに学生が帰った回もありました。**想像以上の効果**です。

その後の選考プロセスの参加率もいい。浅岡は10階にあるセミナールームのブラインドをわざと上げて、**東京スカイツリーが見える**ようにしている（じつは**神宮外苑の花火大会**もココで見られるので、社員の福利厚生にも役立っている）。小さな工夫ですが、これが効きます。

効果があったのは採用面だけではありません。社長と幹部が合宿する「夢に数字を入れる」セミナーは、これまで東小金井セミナールームで開催していました。東小金井は4社しか入りませんが、新宿なら**15社**入る。最初は埋まらないのではないかと心配しましたが、「終わってから歌舞伎町に直行！」と期待する幹部が社長の背中を押すので、すぐに埋まった。

結果、このセミナーの**売上は3倍**になり、ミライナタワーを借りたあとの売上は現在の予約分も含めて**2億円**に達しました。賃料の増加分は、もう数年先まで元が取れています。

売上24億で経常利益7億！
開院予定がなくても物件を押さえる整骨院

前にも触れた千葉を中心に整骨院を展開するケイズグループの小林博文社長は、賃料については私以上にアグレッシブです。

小林社長は、整骨院を開くのにいい物件を見つけたら、**開院予定がなくてもとりあえずお金を払って物件を押さえ**ます。**すぐに開院しない**のは、スタッフの施術レベルを一定水準以上にキープするため。ケイズグループはスタッフの技術研修に力を入れていますが、一定レベルに達する前に現場に出すと悪評が立って顧客離れが起こる。**開院するのは、お客様に満足してもらえる技術を確実に身につけてから**です。

「開院までの間、物件の家賃は払い続けることになります。人によってはムダな経費と思うかもしれません。立地がよくて、スタッフのスキルが一定水準を満たしていれば、**100％黒字にする自信**がある。立地のいい物件を押さえるのは**攻めの経費**です」（小林社長）

この戦略が正しいことは、ケイズグループの経常利益を見ればわかります。同社は24億円の売上に対して**経常利益が7億円**です。これは尋常でない数字！　利益率が異様に高いのは、積極的に経費を使っても、それ以上の売上になって返ってきている証拠です。

「2人1組」は立派な社員教育

経費として大きい人件費にも、攻めの感覚は必要です。

武蔵野は営業担当を可能な限り2人1組でお客様先に向かわせます。

人件費を抑えることを考えたら、ひとりで行かせて、もうひとりに別の仕事をやらせたほうがいい？

それは違います。社長はひとりずつのほうが効率的だと考えますが、社員は監視する人がいないので効率よくさぼる（笑）。社員のほうが一枚上手です。

2人1組のメリットは、社員がさぼれないことだけではありません。2人1組だと、デキない社員はデキる社員から営業のスキルを学ぶことができます。逆にデキる社員もデキない社員に教えることで復習ができる。**2人1組は、社員教育も兼ねている。**

そう考えると、2人1組で重複する人件費は、**教育研修費**として考える。まさに**攻めの経費**です。

利益を出すためにムダな経費を省くことは大切です。しかし、**目先の利益ほしさに攻めの経費まで削ると、あとで痛い目に遭います。**くれぐれも注意してください。

「そうに違いない」が招いた美容サロンの危機一髪

ダメな社長には、ある共通点があります。

経営に〝～のはず〟が多いこと。

こんな工夫をしたから、売上が上がっているはず――。

業務のムダを見直したから、生産性が高まっているはず――。

このように結果を確かめもせず、「そうに違いない」という思い込みだけで経営をする。

これが間違いのもとです。

株式会社ビューマインド（東京都、美容サロン）の高松和愛《かずあい》社長もそうでした。

同社のサロンでは、まつげエクステを施術するほか、美容グッズも販売しています。施術は、半個室の空間。美容グッズを説明するPOPは正面に貼ってありました。正面ならお客様は見やすいという思い込みからです。

ところが、これが間違いでした。

「お客様はリクライニングシートにお座りになります。シートを倒すと、正面からはかなり距離があります。それに気づかなくて、ずっと正面に貼っていました。試しにお客様の右側に移動させたら、とたんにそのグッズの売上が伸びました。お客様の多くは右手が利き手。右を向く機会が多く、POPが近い距離で自然に目に入るようです」（高松社長）

高松社長の「はず」は、ほかにもあります。

POPには、商品説明と料金が書いてあります。以前はお得であることを強調するために、料金を目立たせたデザインにしていました。「安さをアピールすればお客様に喜んでいただけるはず」と考えていたからです。

これも試しに**商品説明が目立つデザイン**に変更したところ、反応がガラリと変わりました。それまで販売数が1か月で56個だった商品が、翌月には**134個**売れた。サロンにやってくるお客様は、安さよりもきれいになることに関心がある。高松社長はそのことがわかっていなかった。

高松社長の「はず」はもうひとつあります。

まつげエクステは、ワゴンに載せた道具で行います。ひとつのサロンには7～8個のワゴンがあって、道具の置き方はそれぞれスタッフに任せていた。使いやすい置き方はひとりひとり異なるので、本人に任せることがサービスレベルの向上につながるはずと考えていた。

しかし、整理整頓を軸とした環境整備をやって、それが間違っていたことが判明しました。**すべてのワゴンで道具の置き方を統一したところ、急に指名客数が増えた。**

「いままではスタッフが自分専用のワゴンを使うため、指名いただいたお客様のところにいちいち自分のワゴンを移動させる必要がありました。しかし、統一後は移動にかかる時間がなくなり、お客様をすぐご案内できるように。また、どのワゴンも同じ配置で、道具が見つからなくてお客様をお待たせすることもなくなりました。スタッフは施術と接客に集中できて、お客様満足度が高まりました。ある店舗では、月間の指名客数が**３４８５人から３７３４人と１０７％に。**自分がいかに想像だけで経営をしていたのか、思い知らされました」

かつての高松社長のように、勝手に思い込みだけで経営している社長は少なくありません。時には思い込みが正しいこともあるでしょう。しかし、思い込みが外れたら、本来なら増えたはずの売上や利益を逃してしまう。高松社長は途中で気づき、事なきを得ましたが、下手をすれば販売ロスを延々と続けていた可能性があった。じつに恐ろしいことです。

4年で40億円売上アップした新潟の住宅メーカー

では、社長の勝手な思い込みをなくすにはどうすればいいか。

必要なのは、**数字による検証**です。

社長がいくら「論理的に正しい」「過去の経験からいって正しい」と思っていても、数字がついてこないなら思い込みと判断していい。

数字はウソをつきません。結果がついてこないのは、数字ではなく、論理や経験が間違っているからです。

数字で検証すれば、売上や利益を増やす方法を見つけることは難しくない。

ハーバーハウス株式会社（新潟県、住宅メーカー）の石村良明社長は、もともと別の会社の経営に失敗して**多額の借金**を抱えていました。ゼロどころか**マイナスからの再スタート**です。当初は銀行からお金を借りられず、自ら梅雨の時期に傘を差しながらチラシをポスティングしていたと言います。

石村社長が立派だったのは、**ポスティングの効果を見える化して数字で管理**していた点です。

チラシを撒いたあとの問合せ数が少なければ、次はキャッチコピーや色、撒く時間を変えてみる。そうやってカイゼンを重ねて、反応率の高いチラシをつくった。

さらに、その延長線上でホームページも改良を加えました。

その結果、お客様からどんどん資料請求がくるホームページになった。仕組みができたことで、売上は**15億円（2012年度）から55億円（2016年度）**に。数字による検証を続けることで、会社は急成長しました。

何の裏づけもない思い込みで、一か八かの経営を続けるのか。それとも、数字による検証で効果を見極め、カイゼンを重ねるのか。

どちらが会社のためになるのか、考えるまでもないでしょう。

「暗黙知」が仮説検証より強い理由

会社には様々なデータがあります。

売上や利益などの基幹データをはじめ、客数、リピート率、ダイレクトメールの開封率、工場のリードタイム——。これらのデータは、まさしく宝の山。分析することで、会社を成長させるヒントが見つかります。

しかし、これまで数字に無頓着でデータなんて取っていなかった。あるいはデータを取り始めたばかりで量が足りない社長も多いでしょう。

こんな場合は、どうすればいいか。

答えは、**「データ量が溜まるのを待たずに、いま手元にあるデータで考える」**です。

スキル10の人が、いまデータを100持っています。1か月待てばデータは500になります。ならば1か月後のほうが正しい判断ができると思いますか?

違います。

スキル10の人は、データが倍になってもスキル10の判断しかできません。判断の結果が同じなら、データが溜まるのを待つ意味はない。まず、いま手元にあるデータで判断すればいい。

スキル10では、最初は判断を間違えます。しかし、間違えた経験から学習して、スキルがほんのちょっと上がる。これを繰り返すうち、1か月後にはスキルが20になるかもしれない。そのころにはデータが500になっていて、豊富なデータを活かせるようになっているでしょう。

世の中では、仮説検証のPDCA（Plan-Do-Check-Action）サイクルがもてはやされています。もちろん、何も考えない行き当たりばったりの経営より、仮説検証のほうが数段上です。

しかし、多くの人は最初に仮説を立てる段階に時間をかけて、第一歩が遅れてしまう。ビジネスでは、その遅れが命取りになることもある。だからまず**「Do」**から始める。理屈をこねるより、とにかくやってみることが優先です。

データ分析も同じです。データを溜めてから分析して仮説を立てるプロセスではスピードが遅すぎます。理屈がはっきりしていなくても、これまでの経験（手持ちのデータ）から判断する知恵のことを**「暗黙知」**と言いますが、まず暗黙知で判断して動きます。その行動を追いかけるようにさらにデータを溜め、結果を検証して、そこから次のＰＤＣＡサイクルにつなげていけばいい。**暗黙知は仮説検証より強い**。

仮説検証と暗黙知の違いは、「演繹《えんえき》法」と「帰納法」の違いと言ってもいい。

演繹法は、まず理論で結果を導き出して、あとから事実で理屈の正しさを証明する考え方です。一方、帰納法は、まず事実を並べて共通する法則性を見つけ、あとはなぜそうなるのかという理屈づけをします。

仮説検証は演繹法ですが、理屈にこだわるあまり、事実を都合のいいように解釈してしまいがちになる。つまり思い込みが発生しやすい。それに対して、帰納法は暗黙知で、**まず事実ありき**。先入観なく素直にデータを見られるから、正しい答えを導けます。これも仮説検証より暗黙知がすぐれている点です。

データ分析は、**いまあるデータでとにかく始めてみる**ことが正しい。これまで何もデータを取っていなかった会社でも、決算のために経理が売上や粗利益などの基幹データを持っています。まずはそのデータを並べて、何か読み取れないか考えてください。

「売上が急に増えた月が2回あったけど、その月はいつもと違うことをしたのか?」

「1店舗あたりの粗利益額が、半年前から減り始めている。半年前に人事を変えたせいだろうか?」

こうしてデータと事実を突き合わせて法則性を導き、そこから検証のプロセスに入ります。このほうが仮説検証よりずっと早くて正確です。

スイミングクラブのV字ならぬ〝バケツ回復〟はどうやって実現した?

手持ちのデータで分析を始める一方、将来に向けて、業務にまつわる様々なデータを記録して、**いつでも使えるようにしておく**ことが大事です。

記録しておくデータはいろいろありますが、なかでも重要なのは**顧客データ**です。どのようなお客様が、いつ何をどれだけ買ったのか。このデータがないと、まともな営業戦略は立てられません。

水泳教室を運営する株式会社太陽コミュニケーションズ(山口県、スイミングクラブ)

では、少子化の影響を受けて生徒数が年々減り続けていました。ピーク時に2億1000万円あった売上は、1億8000万円に。経常利益も赤字が数年続きました。

会社には顧客データがありました。しかし、2代目の岡生子《たかこ》社長は、その活かし方を知らなかった。

「お客様のデータをどう使っていいのかわからず、ただ溜めているだけでした。当時の営業活動は、データと無関係。とにかく生徒さんを増やしたくて、スタッフ総出でお子さんがいそうな家を一軒一軒訪問するスタイルでした。戸別訪問は労力がかかるわりに入会に結びつかず、営業でヘトヘトになったスタッフからも、『授業に支障が出る』と不満の声が出る始末。八方ふさがりでした」（岡社長）

データを活かせるようになったのは、「社長の営業プログラム」で訪問先を絞り込むことを教えられたことがきっかけでした。

顧客データを改めて見ると、保育園や幼稚園を通して入会した子どもたちが多い。ただ、保育園や幼稚園経由で入会した子どもたちは、卒園と同時にほとんどが退会していた。新規開拓に労力をかけるより、子どもたちが継続するための策を打つほうが賢明です。

「戸別訪問をやめて、保育園や幼稚園への営業に集中して園でチラシを配ることにしました。また、園と連携して水泳教室で卒業式を実施。プールで練習をしている写真とコーチからのコメントを添えた卒業証書を手渡しました。お子さんが成長した姿を見て、涙を流す保護者の方もいました。『せっかくだからもう少し続けてみようかしら』と言ってくださって、**継続率がグンと上昇**しました」

これまで卒園後も継続する人は200人中7~8人にすぎなかったが、独自に卒業式をやり始めてから**60~70人**に。業績も一気に向上して、現在はピーク時と同じ2億1000万円の売上になった。低迷期間が長かったので、**V字ならぬ〝バケツ回復〟**です。岡社長が〝バケツ回復〟を成し遂げたのも、わからないなりに顧客データを記録していたからです。使わないからと捨ててしまったら、浮上のきっかけをつかめずにバケツの底が完全に抜けていたでしょう。

担当者ごとではなく、顧客ごとにデータを

顧客データを記録するコツについても触れておきましょう。

顧客データは、**お客様ごとに情報を整理**します。あたりまえに聞こえますが、営業履歴まで含めて、あたりまえのことができていない会社が多い。いつ営業マンが訪問して、いつ契約が成立したのか。その後のアフターケアがいつ行われたのか。こういった情報を、**営業マン単位の日報に記録している会社がほとんど**です。

顧客データが人に張りついていると、人が異動したときやチームでアプローチしていくときに困ります。お客様情報が複数の人に分散しているため、いざ分析しようとしても分析ができません。

136ページで、売上金額は営業マンのお客様先での滞在時間に比例していると指摘しました。この分析ができたのも、**滞在時間を日報ではなく〝顧客ごと〟にデータ記録**したからです。ココを間違えると、せっかく記録したデータが宝の持ち腐れになってしまう。注意してください。

ラーメン店の割引クーポン付きハガキは、攻めの経費

お客様に関係するデータのなかでもとくに重要なのは、**お客様の声**です。満足度は、どの程度なのか。どのような広告媒体を見て自社のことを知ってくれたのか。リピートする意志はあるのか。知りたい情報は山ほどあります。

ただし、お客様は必ずしもアンケートにすべて答えてくれるとは限りません。たとえ答えても、本音を書くとは限らない。お客様の声を〝使えるデータ〟にするには、アンケートの取り方をひと工夫する必要があります。

前にも紹介した九州でラーメン店などを展開するゴールドプランニング株式会社の吉岩拓弥社長は、アンケートに答えて生年月日まで書いてくれたお客様の誕生日に、**割引クーポン付きハガキ**を送っています。対象はお子さんだけですが、クーポン目当てでアンケートを書いてくれるお客様が増えた。

吉岩社長は、**クーポンの回収率**までデータを取っていました。回収率が低ければお客様にとって魅力的なクーポンではなく、結果としてアンケートも書かれなくなる。当初は低かったアンケート回収率も、ハガキの色やデザイン、内容を試行錯誤して改善したところ、45％になった。つまりアンケートを書いてくれたお客様のうち**半分近くがリピーター**になった。

リピーターになっても、割引しているから儲けは少ない？

そこは吉岩社長も抜け目がない。クーポンの対象はお子さんだけです。子どもはひとりでラーメンを食べにこない。一家4人で来店したら3人は定価だから、「増分利益」が出る。

さらにつけ加えると、クーポンで損をしてもいい。そもそもクーポンをつけるのは、お客様にアンケートを書いてもらうため。もしクーポンをつけて儲けが減っても、それは**攻めの経費**です。経費をかけた分、アンケートの回収率が高まれば何も問題はない。

10個あった質問項目を2つ変更して出た成果

もっとも、アンケートを取ること自体が目的になってはいけません。お客様がアンケートに答えても、建前やおざなりの声では分析するだけムダ。アンケートを業務改善に結びつけるには、**本音の声**が条件です。

その点は武蔵野も甘かった。昔は、現地見学会（武蔵野の取り組みを生で見てもらう会）に参加したお客様へのアンケートで、「社員の態度はどうでしたか」とトンチンカンな質問をしていました。アンケートを集計するのは社員です。記名式のアンケートで、本人が読むとわかっているのに低い点数はつけづらい。担当者の自己満足だけのムダな質問でした。

アンケートは、**自社都合でなくお客様都合で設計**します。反省した私は、10個あった質問を**「差し支えなければ御社の経営課題などを記入してください」「興味がある項目にチェックをお願いいたします（複数選択可）」**と2つ質問を入れ替えました。

社員は、「会社の情報なんて教えてくれるはずがない」と反対しました。

しかし、実際は違った。

人間は本人を目の前にすると悪口を言いづらいが、本人に知られないと思うと、むしろ進んで不満をぶちまけます。お客様も、会社のいたらない点を包み隠さず書いてくれた。お客様の声を反面教師として自社の業務改善に活かしているから、武蔵野の現地見学会は評判がいい（笑）。現地見学会の過去16年間の売上累計は**12億円**です。

〝真実の瞬間〟は、お客様がお金を払ったあとに

では、自社への評価を直接聞きたいときはどうすればいいのか。

〝真実の瞬間〟がやってくるのは、お客様がお金を払ったあとです。

お金を払う前だと、お客様は「下手なことを言うと、それをきっかけに何か売りつけられるかもしれない」と警戒して、本音を明かしません。お客様が腹を割って話すのは、お金を払って取引が完了したあと。そのままサヨナラしても問題ない状況になって初めてお客様は真実を告げます。

株式会社松尾モータース（兵庫県、自動車販売）の松尾章弘社長は、お客様に納車をするとき、店の前に車を置いていました。

これはもったいない。お客様が車を引き取りにくるのは、契約が成立したあと。真実を話してもらいやすい状況だから、営業マンはお客様とできるだけ長くコミュニケーションを取り、本音を引き出すべきです。

ところが、車を店頭に置いていたら、お客様はすぐ帰る。

私は、松尾社長に次の指導をした。

車はあえて奥に停めておく。「すぐに車をご用意いたします。お待ちくださいませ」と言って、ほかのスタッフに車を取りに行かせて**（見えないところは牛歩、見えるところはかけ足で！）**、その間、**オフィスでじっくり話を聞きます。**

アンケートを取るのも同じです。お金を払ってもらったあとに工夫して時間を確保し、質問にゆっくり向き合ってもらったほうがいい。

お客様の声は最強のデータのひとつですが、**建前か本音かで毒にも薬にもなる。**アンケートは、〝真実の瞬間〟を逃さないように意識してください。

面倒くさいことを社員にやらせる2つの方法

データを集めるのに立ちはだかるのが、**社員の壁**です。

営業活動の効果を分析するためにお客様先の滞在時間を集計したいが、社員が面倒くさがってシステムに数字を入力しない。このように現場の抵抗にあって必要なデータが揃わないことはめずらしくありません。

社員は基本的に、ラクをして高い給料がほしいと思っています。だから面倒くさいことはやりたくないのがあたりまえ。

そもそも社員は**「やれ」と言ったらやらないし、「やめろ」と言ったらやり続けます。**言うことを聞かない社員が普通で、「入力しろ」と言葉だけで何とかしようと考えること自体間違っています。

面倒くさいことを社員にやらせる方法は2つ。**お金で釣るか、やらないと本人が困る仕組みにする**かのどちらかです。

武蔵野が使っている「マイページPlus」にデータが蓄積できるのは、必要な情報を登録しないと日当を支払わない仕組みに変更したからです。社員はイヤイヤながら仕方なく実行します。なんと**〝現金〟な社員**です（笑）。

社員に「100回帳」のスタンプカードを持たせています。社員やアルバイト・パートが勉強会に参加すると、スタンプを1個押してもらえる。スタンプが100個溜まれば5万円の旅行券です。旅行券といっても、奥さんにそのまま渡すほど殊勝な社員はほとんどいない。もらったら金券ショップにかけ込んで秘密のお小遣いにします。だから自主的に勉強会に出る。

お金で釣るのが「飴《あめ》と鞭《むち》」の飴なら、入力しないと困る仕組みにするのは鞭です。

経理を電子化したときは、「今後、紙による申請を受け付けない」と宣言しました。申請を受け付けてもらえないと交通費の精算ができないので、みんなブツブツ文句を言いながらもシステムに入力する。2週間後には新しいシステムにすっかり慣れて、文句が出なくなった。

ヤワな社員ばかりではありません。経営サポート事業部の志村明男本部長は42万円の精算を怠っているのに気づいた。奥さんが管理する給料口座に交通費の振込を伝えると、私に懇願して指定の精算を完了させた。

分析に必要なデータを社員に入力させる必要がある場合も、これらの応用でいい。入力することに対価を払うか、入力しないと仕事ができずに自分が損をするシステムにします。

仕組みを変えれば、すぐにデータが集まると勘違いしてはダメです。経営はオセロゲームではない。仕組みを変えても、黒が白へとバタバタバタバタとひっくり返るようにはいきません。

データがほしければ、**駒を1枚ずつ手でひっくり返すくらいの地道な働きかけ**が必要です。

社長自身がラクをして儲けたいと思ってはいけない。

手間をかけないと、ほしいものは手に入らないと心得ておきましょう。

第5章

社員を「数字」で育てる

社員からの報告を「営業利益」ベースにしたらどうなった?

社長が勉強して決算書の読み方を覚え、数字を分析することで会社の問題点を把握。それなのに業績がよくならない——。

そうなら、原因ははっきりしています。

それは、社長の成長に、幹部社員がついてこれないから。社長ひとりが賢くなって、社員がおいてけぼりになっています。

こういう場合、現場では**作業効率向上のための数字**が必要です。

社員からカイゼンのアイデアを募る会社は多い。ところが、カイゼンによって生産性がどう高まったのかという客観的な数字がないと、単なる思いつき大会になってしまう。

工場ならリードタイムやひとりあたりの生産額、営業なら移動時間とお客様滞在時間と売上、事務なら時間あたりの作業量など、社員が客観的な数字の意味を理解して初めてカイゼンのアイデアが生まれたり、それを実行するモチベーションが高まったりします。

課長以上は、自部門のP／Lを理解していないと仕事になりません。わかっていない課長はたくさん売りますが、その分、赤字も出す。株式会社東伸（岐阜県、産業機械）の代表取締役藤吉繁子さんは、かつてこうぼやいていました。

「取引先の大手さんの社員はみんな頭がいい。だから、うまく丸め込まれて、設計が一度決定した製品について仕様変更を認めてしまうんです。本来、仕様変更で原価が変わるなら料金も変えるべき。ところが、うちの社員はP／Lの感覚がなく、同じ価格で受けてしまう。そのため粗利益でかろうじて黒字でも、営業利益では赤字になる受注が少なくありませんでした」（藤吉さん）

その後、藤吉さんは**社員からの報告をすべて〝営業利益〟ベース**に切り替えた。社員が変わるまで3年かかったが、いまは営業利益が赤字での受注がなくなりました。

幹部になると、B／Sがわかっていないといけません。B／Sを勉強してキャッシュの重要性を理解した社長は、B／Sをよくする指示を出します。しかし、社長の意図がわからない幹部はズレたことをやってしまう。これでは社長がいくら勉強しても会社はよくなりません。

5年間で165%成長した会社の盲点

社員が数字を理解していないと、各階層で様々な悲劇が起こります。

では、これらの悲劇は数字を理解しない社員のせいでしょうか。

違います。社員が数字を理解しないのは普通のことです。経営サポート会員になった社長自身、**7~8割は決算書を見ていなかった**。社長がそのレベルだったのに、「うちの社員は……」と嘆くのは筋が通らない。この社長にして、この社員ありです。

社員が数字を理解しない原因は、むしろ社員に勉強させなかった社長にあります。

株式会社マイプレジャー（三重県、ＯＡ機器販売）の河内優一社長は、何でもできてしまうスーパーマンです。しかし、それがよくなかった。どこかの部門の数字が悪くなれば、自分が直接乗り出して原因を分析して幹部に指示。幹部に自分の頭で考えさせる機会を与えなかったので、いつまで経っても幹部が成長しなかった。何でも口を出さなければ気がすまないワンマン創業社長がやりがちなミスです。

会社をそれ以上成長させるつもりがないなら、別にワンマンのままでもいい。しかし、会社を大きく成長させたいなら、幹部を育てて権限委譲を行い、社長は自分にしかできない仕事に集中する必要があります。

河内社長は会社を大きく成長させる道を選んで、1年前から「実行計画アセスメント」の合宿に幹部3人を連れてくるようになりました。

「昔はせっかくつくった実行計画が〝ポスター〟になっているのに、誰も見ていませんでした。私が『どうなっているのか』と怒っても、どこ吹く風です。しかし、幹部と一緒に合宿に出たら、彼らの意識がガラッと変わった。もともと現場のことは幹部のほうがよく知っています。『うちの実行計画は、ココが足りなかった』と実行計画に積極的に関わるようになり、私が気づいていないことも指摘するようになりました。それまで幹部に当事者意識が欠けていたのは、私が勉強の機会を与えていなかったから。幹部の変わりようを見て、大いに反省しました」（河内社長）

数字を理解し始めると、計画に対する**当事者意識**が芽生えます。

幹部が本気になれば業績も上がる。マイプレジャーは**5年間で165%成長**していますが、今期（2017年度）はさらなる成長が期待できます。

社員が数字を理解し始めると、もうひとついいことがあります。

「うちの社長はこんなに難しいことをやっていたのか」と尊敬される。自分よりキャリアの長い古参幹部にてこずっている2代目社長がその幹部を連れてくると、一発で言うことを聞くようになる（笑）。

社長ひとりで勉強して、危ういワンマン経営を続けるのか。それとも幹部や社員と一緒に勉強して、より強い会社にしていくのか。決めるのは社長自身です。

〝能力〟不足ではなく〝回数〟不足

うちは中小企業で、高学歴社員はひとりもいない。元がよくないから、数字に強くするのは無理――。

そう考えている社長がいたら、自社の社員を侮《あなど》りすぎです。会社の数字に学歴は関係ない。**誰だってやることをやれば数字のエキスパート**になれます。

そもそも人間の脳みそに大して違いはありません。パソコンで言えば、ハードディスクの容量はみんな同じ。東大生だろうと、中卒だろうと、社長だろうと、一般社員だろうと、性能はみんな似たようなものです。

違うのは、ハードディスク内に入っているデータ量と、データをつなぎ合わせて加工するスキルです。パソコンもデータ量を多く持ち、それを加工するプログラムがあれば、より正しい答えを導けます。

幸い、データ量と加工の技術はあとからどうにでもなります。データ量は、いわゆる「知識」。勉強すればそれだけ増えます。一方、加工の技術は「体験」の量に比例します。様々な体験を重ねることで、「このときはこうなる」というパターンが積み重なり、たくさんのデータを処理できるようになる。

東大生が頭がいいのは、たくさん勉強して脳に「知識」が詰まっているからで、社長が一般社員より本質を見抜くことに長けているのは、様々な体験を重ねてきたから。学歴の低い一般社員でも、勉強して経験をさせれば、誰でも国立大生並み、社長並みになる。

数字についても同じです。社員が数字に弱いのは、**能力不足ではなく〝回数〟不足**。数字の扱い方を知識として教えたうえで、数字に触れる回数をこなせば、学歴に関係なく数字に強くなれます。

数字のスの字と聞けば、スーッといなくなる飛山と大森

いい実例がわが社にもあります。同じ高校の先輩、後輩である飛山尚毅部長と大森隆宏部長です。

飛山は数学の成績がからきしダメで、入社後も根性だけでのし上がってきたタイプ。ダスキン事業ならそれでも結果を残せますが、数字を扱う経営サポート事業ではやっていけません。武蔵野の方針書には、経営サポート事業の部長以上は、長期事業計画書のチェック講師ができるレベルになる、と書いてあります。飛山は、とても講師ができる水準ではなかった。

なにしろ飛山は、**ダスキン事業から異動するまで決算書を見たことがなかった**。異動後、初めて「B／S」という言葉を耳にして、**「ダスキンで扱うBS（ベーシックモップのSサイズ）のことですか？」**と真面目に質問をしたほどです。

後輩の大森もひどかった。

大森は理系なので、数字そのものにアレルギーはありませんが、知識や経験がないことはわからない。経営サポート事業の営業は、お客様が経営計画書を作成する合宿に参加して、来期の教育予算がわかったところで、「こんな研修もありますよ」と提案します。しかし、大森は途中の1～3日目にはまったく顔を見せずに、最終日にだけ顔を出した。経営計画書の作成途中でお客様と顔を合わせると、「この数字は何か？」と質問されます。それがイヤで逃げ回っていました。

飛山も大森も、**数字のスの字と聞けば、スーッといなくなる**。武蔵野の社員には多かれ少なかれその傾向がありますが、この2人の逃げ足はとくに速かった。

それでもいまは2人ともチェック講師ができるほど数字に強くなった。飛山にいたっては「社長の決定ソフト」（経営計画作成に使うオリジナルソフト）の講師まで立派に務めています。

2人が数字に強くなったのは、知識と回数を増やしたからです。簿記や決算書を勉強するために外部の研修を受けたければ、その費用は全額会社が負担します。大森はそれで知識を手に入れた。

回数をこなすために、チェック講師も義務づけました。講師は半期に2回、その事前勉強会2回を含めて、計4回の経験を積む。これで多くの社員が伸びました。

セミナーでチェック講師を務めている武蔵野の社員に、学歴を尋ねてみてください。華々しい学歴を持っている社員はひとりもいません。それでも、そこらの社長よりずっと数字に強い。**やり方次第で誰でも数字に強くなれる証拠**です。

全社共通の言語・道具で

社員に数字について教えるときのコツをいくつか紹介しましょう。

まず、概念で教えてはダメです。私は小学校低学年のとき、100まで数が数えられませんでした。10や20ならいいですが、70とか80になると現実的にイメージできなくて、頭がパンクしました。

その反省に立って、娘には硬貨を使って数を教えました。1円玉10枚と5円玉2枚、10円玉10枚、50円玉2枚を用意して、100円までの金額を硬貨で示した。目に見える具体的なモノを使ったので、娘はすぐに出し方を覚えました。

最初は丸暗記に近い。しかし、しばらくすると自分で法則性を導き出して、応用を利かせるようになります。１００円玉や５００円玉、さらにお札を出して、「１２４０円は？」と聞いても難なく対応します。

私は具体的なモノを飛ばして、いきなり抽象的な概念として数を理解しようとしたからいけなかった。人間は、具体的に想像できないものは理解できません。抽象的な概念を理解する必要があるとしても、**まず具体的な事例を知り、そこから抽象的な概念**を導き出す手順でないとダメです。

会社にまつわる数字を教えるときも同じです。帳簿上の概念を先に覚えさせようとしても無理です。

「あなたの給料は経費から支払われる」

「あの材料を10％高く仕入れると、利益がこう変わる」

と、**社員の具体的な仕事と絡めて教える**。

社員教育には、**全社で共通の言語、共通の道具**が必要です。

ある概念を理解させるとき、日本語と英語、あるいはほかの外国語で教えた場合では、伝わり方や解釈に微妙なズレが生じます。数字についても同じです。会社で統一した用語を使わないと、それぞれが独自の解釈をしてしまい、誤解やミスの原因になる。

武蔵野では、一般社員にもマネジメントゲーム（ＭＧ）の研修を受けさせます。マネジメントゲームでは、売上を「ＰＱ」、粗利益を「ＭＱ」と会計用語をアルファベットで示します。社員は全員この研修を受けているので、社員間は「ＰＱはいくらだった」で話が通じます。

Ｐはプライス（価格）、Ｑはクォンティティ（数量）、Ｍはマージン（利ざや）を意味しますが、そこまで頭に入ってなくてもいい。みなさんは普段、日本語で会話をして意味が通じていますが、言葉の由来まで理解して日本語を使っているわけではない。数字に関係する言葉も、由来は二の次。とにかく共通の言語を使うことが大事です。

個人個人に合わせた指導を

一方、教え方については全員統一ではなく、**個人に合わせて柔軟に変えていく**必要があります。

武蔵野は、社員全員にEG（エマジェネティックス）のテストを受けさせています。これは個人の特性を分析して数値化するツールで、その人の思考タイプを青（分析型）、緑（構造型）、黄（コンセプト型）、赤（社交型）、の4つの要素で表現します。

青が優位な社員は、論理的です。だから数字も理論をきちんと教えてあげたほうが頭に入る。

一方、緑が強い社員は定型業務をきちんとこなすことが得意。数字に関しては、意味よりも、「この業務では、毎回、この数字をココに書く」というように具体的な手順で教えてあげると覚えが早い。

黄や赤が強い社員は、楽しければいい気分屋タイプで、どちらかというと数字は苦手。

意味を理解しようとしないし、細かい手順も苦手です。だから数字はアバウトでいい。方針を示して、「いまだ、行けー、営業利益を増やせ！」とやったほうが、早く数字になじめます。

このように、人にはそれぞれに合った教え方があります。これを無視して、論理的な人にアバウトな教え方をしたり、気分屋の人に数字のマニュアルを押しつけたりしてもうまくいかない。**ひとりひとりの適性に合わせて、指導方法も変えます**。

武蔵野ではEGを使って社員の適性を数値化していますが、そこまでできない社長も、普段のコミュニケーションを通して社員の適性をある程度見極められます。「自分はこうやって覚えたから、社員も同じでいいはず」と自分基準で考えるのではなく、**教わる側に合わせて指導**してください。

社員の数字力がアップする2つの条件

社員を数字に強くしたいなら、**社員がいつでも自由に会社の数字を見られる環境**を整えておく必要があります。

多くの会社は会計の数字を非公開にして、社長や幹部だけが見ている。これは野球で言えば、**スコアボードを隠して選手に試合をやらせている**ようなもの。監督がスコアボードをひとりじめして選手に隠すのは間違い。スコアボードをみんなに公開すると、社員もやる気になります。

モチベーションの問題だけではありません。1点差で勝っているときと5点差で負けているときでは、打席や塁に出たときの行動が変わります。1点差で勝っているときにバントをするのはいいですが、9回に5点差で負けているのに送りバントをするのはありえない。いまこの状況に必要とされる行動は何か。その判断力を養うためにも、**スコアボードの公開が必須**です。

わが社では、ほとんどの数字がガラス張り。私の役員報酬も公開されていて、社員も知っています。

自分の給料がバレると、社員に「もらいすぎだ」と妬《ねた》まれる?

社員に妬まれるとしたら、もらいすぎなのではなく、社長にふさわしい働きをしていないからです。

私の役員報酬は**1億円**ですが、私の「かばん持ち」の研修プログラムだけで年間8000万円の売上があります。「かばん持ち」を差し引いて社長業が2000万円なら給料は安いものです。そこも含めてガラス張りなので、誰からも文句は出ません。

月末には、各部門別のP／L（損益計算書）を経理が公表します。経費の内訳も公表されるので、部門長は「今月は交通費が多い」と感じたら、自分で内訳をチェックできます。ときどきよその部門の交通費がついていることがあり、放置すると自部門の利益が減って賞与に悪影響が出る。だから部門長は自ら進んで数字を見に行きます。

このとき大事なのは、**数字も〝環境整備〟**しておくことです。

社内システムのどこにアクセスすれば、どの数字を見られるのか。それが明確になっていないと、見たいときに数字を見られずにストレスが溜まり、しまいには数字を見なくなります。

会社の数字は、包み隠さず公開する。公開した数字は整理整頓して、社員がいつでもアクセスできるようにしておく。この2つさえ揃っていれば、社員は数字を身近に感じられます。

数字はそれだけで言葉——1分間で3テーマを報告できる理由

「どうだ？　仕事は順調か？」

「はい、頑張ってます！」

社員の働きぶりを確認するとき、このやりとりで安心してしまう社長は危ない。いざふたを開けると、期待どおりの成果が挙がっておらず、「話が違う」と落胆する可能性大です。

社員はウソの報告はしませんが、すべて正直に話すわけでもありません。自分に都合の悪いことは黙っています。トラブルが起きたり、さぼって計画どおり進んでいなかったりしても、その情報を上にあげないのが、社員にとっては〝普通〟、社長にとっては〝**不通**〟です。

本当のところを知りたければ、数字で報告させることです。

去年の数字が10で今年の数字が6なら、前年比で「▲4」です。数字で報告させれば、どれだけ頑張っていたかがわかる。「死ぬ気で頑張りました」と文学的な表現は不要。**数字は、それだけで言葉**です。

武蔵野の会議は、**発表の持ち時間が割り当てられ、数字の報告**から始まります。その次に**お客様情報、ライバル情報やビジネスパートナー情報、そして最後に自分の考え**を話す。この順番は、重要度の順です。**自分が気づいたことより数字のほうが、ずっと真実**を語っています。

数字で報告する利点はもうひとつあります。**話が長くならない**ことです。

リーダー会議で与えられた時間は**1分**です。たくさん話したいことがあってもダメ。総務が時間を測っていて、1分経ったら打ち切ります。

1分では足りないと考える人がいるかもしれませんが、わが社の部長は**1分で3つ前後のテーマについて報告**をする。短時間でもきちんと報告ができるのは、まず数字で話すからです。数字で表現すれば、ダラダラと言葉を重ねて説明する必要がない。まさに、**数字はそれだけで言葉**です。

京都や大阪などで「お好み焼・鉄板焼きん太」などの飲食店を経営している株式会社テ

イル（京都府）の金原《かねはら》章悦社長は、**8年連続で既存店前年売上を超えて**います。

今期（2017年度）は前年比**108%成長**です。

金原社長がとくに力を入れていることに、**週1回の会議で「3つのテーマ」**を報告する仕組みがあります。

①月末までの予測売上、予測利益の確認

②人件費、シフトの確認

人件費は、店長のさじ加減で変わります。レベルの低い店長は、アルバイトスタッフを増員する傾向にあります。また、人員不足のまま、店舗運営を行う店長もいます。そこをチェックし、報告させています。

③ミツバチ作戦、推奨販売の確認

季節メニューの販売状況の報告です。推奨販売の結果は、店長の意気込みであり、その店長のやる気の表れです。

このように、数字をチェックするから意識が高まり、社長とスタッフがともに確認できる仕組みとなっています。

なぜ、社員に実行計画をつくらせるのか？

武蔵野は、**実行計画をすべて社員自身につくらせます**。

大きな会社では経営企画部がつくったり、逆に社長が現場を見ている中小企業では社長自身がつくったりするケースがあります。しかし、わが社に経営企画部はないし、私もつくらない。社員がつくって発表して、私の承認を得ます。

どうして実行計画を社員につくらせるのか。

自分で計画をつくらないと、数字が右から左に抜けていってしまうからです。

お小遣いが足りなくなって当時高校生の娘が私に「1万円を貸して」と頼んできたとき、私は娘に**借用書**を書かせました。口約束でも約束を破ってはいけませんが、「いつまでに返す」と自分で借用書を書けば、その約束がより重くのしかかってくる。娘はプレッシャーに耐えかね、その後、私から2度とお金を借りなかった。

社員との約束も同様です。社長や経営企画部が現場の計画を立てて上から渡して、

「計画どおりやってください」

「はい、わかりました」

と口約束を交わすだけでは、社員は本気で取り組みません。自分で数字を計算して書き込むから、その計画にコミットする。

自分で計画を立てたのだから、達成できなければ言い訳は通用しません。達成できなかった理由はいろいろありますが、〝数字が人格〟で、結果が出なければ、どんな事情があろうとダメです。達成できたのはたまたま神風が吹いたからでも、きちんと評価します。

１９９３年の話です。全社の計画で、全社売上が30億円を達成したら、全員を社員旅行で上海に連れていき、おいしい中華料理を食べさせると約束しました。しかし、未達成なら国内で野宿、しかも自炊の約束です。

結果はどうだったか。30億円にあと１００万円足りなくて、未達成でした。

わずか１００万円の不足だから、社長はなんだかんだいっても中国に連れていってくれると社員は思っていた。しかし、社員に約束を守ることを求めるなら、社長自身も約束を守るべき。最初の宣言どおり、社員旅行は伊豆の大島に行ってバンガローに泊まった。夕食は、自分たちで釣ったアジです。社員が「アウトドアだ」と喜んでいたのは誤算でしたが（笑）。

翌年は見事30億円超えを果たして、約束どおりに社員を中国に連れていきました。全社員で、売上に何の貢献もしていない新卒社員もです。当時、新卒で入ったばかりの三根正裕部長は、テンションが上がったのか、万里の長城で私とかけっこをして、いい思い出になった。

わずか100万円の差だろうが、**計画は達成したかどうかがすべて**です。シビアに判断するから、社員も目標達成に向けて本気で取り組みます。そのために社員自身に実行計画をつくらせます。

現場を知る社員が、数字と格闘しながらつくる計画が正しい

実行計画を社員自身につくらせる目的はもうひとつあります。**実行計画をつくること自体がトレーニング**になるからです。

実行計画は、営業や部署の数字を理解しないとつくることができません。どうすれば売

上を増やせるのか。そのために経費をいくら使えばいいのか。そういった数字の基本をわかっていないと、現実味がなく整合性もない絵空事の計画になってしまう。そういう実行計画は当然、承認がおりない。やり直しです。

経営企画の人間に計画をつくらせても似たようなものです。数字の整合性はあっても、現場を知らないから実現不可能だったり、逆に朝飯前の計画を立ててしまう。**現場を知る社員が、数字と格闘しながらつくるのが正しい計画**です。

計画に対して実績がどうだったかを報告する毎月の部門長会も、社員にとってはいいトレーニングの場です。

会議で実績を報告するのは、課長職です。その数字を調べるのも本人です。普通の会社は経理からくる紙1枚で終わりですが、それをわざわざ本人にやらせます。

部門長会で報告者に与えられる時間は、**20秒**です。ただ、その20秒以内に必要な数字を調べて正しいか確認するのに、結構な時間がかかる。部門長会直前から5日前は、各部門がまるで嵐がきたかのように騒々しくなる。現場は大変ですが、手間をかけることで数字を理解したり当事者意識が芽生えたりします。

自分で調べてくることができなかったら、努力文を提出させます。努力文4枚で反省文に昇格。反省文2枚で始末書になり、**始末書2枚で賞与は半分**です。

もう一度同じことをやると、**賞与はゼロ**になります。わが社には過去に賞与がゼロになった社員が3人います。賞与がゼロになると家に入れてもらえないから、面倒でもみんな必死にやる。

また、ダスキンの進捗会議は、報告者が会議に出席できないときは、部下の課長が代わりに報告をします。昔はほかの部長の代読を許していたが、現在はアウト。

部下にピンチヒッターをさせるのは、上司の立場で数字を見ることによって部下が育つからです。一般社員と課長、課長と部長では、普段見ている数字が違います。**上司のピンチヒッターを務めれば、いち早くひとつ上の階層の数字に触れる**ことができる。これも社員教育です。

データネイチャー大会の主人公は現場の課長

武蔵野で社員を数字で鍛える場のひとつになっているのが、**データネイチャー大会**です。

データネイチャーは、データ分析ソフトです。年1回、社員がデータネイチャーを使って生データを分析して、業績向上や業務改善のアイデアをプレゼンします。参加するのは、各部門の**課長**を中心としたチームです。データ分析を経営企画部がやる会社がありますが、現場の実務を知らない人間がやると机上の空論になる。

かといって、一般社員ではダメです。一般社員がデータ分析して、営業成績を上げるヒントをつかんだとしましょう。一般社員は気づいたことをひとりじめして、同僚に勝とうとする。だからせっかくの気づきが横展開していきません。

その点、**課長はアイデアを横展開しないと自分の部門がよくならない。現場の経験も豊富だし、データ分析させるのに最適なポジション**です。

年1回のデータネイチャー大会だけでは、スキルを保つことができないので、毎月行われるリーダー会議で順番に各部署に発表させています。内容はウソつき・ホラ吹き大会ですが、使用されるデータは**本物の生データ**です。ココにヒントが隠されています。

「環境整備プログラム」を受けている会社ほど業績アップ?

具体的にどのような分析が行われているのでしょうか。

個人のお客様宅に伺ってお掃除などの家事代行をするメリーメイド事業部チームは、新規顧客の獲得経路を分析しました。分析前は、みんなインターネット経由が一番多いと思っていた。しかし、実際に数字を分析すると、ダスキンクリーンサービス事業部のルートマンからの紹介が最も多かった。

新規のお客様を増やすには、増えているところを伸ばすことが鉄則です。そこで私はメリーメイドにお客様を紹介してくれたルートマンに**お礼のハガキ**を出すように指示した。62円で紹介が増えるなら、ネットに広告を出すよりずっとお得です。

経営サポート事業部では、業績が伸びている会社と、その会社が受けているプログラムの関係を調べました。

すると、経営計画書を作成し、経営計画発表会を行ったあとに、**「環境整備プログラム」**

を受けている会社の業績が伸びているという結果が出た。

では、どのような会社が「環境整備プログラム」を受けているのか。

深掘りしてみると、幹部社員向けの研修である「実践幹部塾」を受けている会社が、「環境整備プログラム」を受ける確率が高いとわかりました。つまり、まず「実践幹部塾」で幹部を勉強させて、さらに「環境整備プログラム」で環境整備を会社に浸透させると、業績がアップする。

この流れがわかったので、サポート会員に「環境整備プログラム」より先に「実践幹部塾」を受けてもらうように仕組みを変えました。

「環境整備プログラム」は申込みが殺到する人気メニューのひとつですが、**「社員の10%が『実践幹部塾』を受けないと、環境整備プログラムに申し込めない」**という条件に変更しました。

これらのカイゼン策は、データネイチャー大会で課長が行った分析が発端になっています。現場の数字力・分析力が、わが社やお客様の業績向上につながります。

データネイチャー大会で発表された分析結果は、具体策へと落とし込みます。

分析の目的は、業績を向上させ、業務をカイゼンすること。「へぇ、おもしろい」「意外だね」で終わるなら、やらないほうがマシです。**数字によって具体的なアクションを変えること**が大切です。

ボタンを押していなかったワースト社員ランキングを発表

アクションを具体的に変えたら、その**結果を検証する**ことも大切です。

経理の平川智久は、データネイチャー大会で経理部門の残業時間を分析しました。当時は月曜の残業が突出して多かった。その原因を探るために、経理処理との関係を調べたところ、出張費の精算を金曜や土曜にまとめて行う営業社員が多く、月曜に振込処理が集中して残業時間が増えていることがわかった。

もともと、武蔵野では株式会社メディアラボ（東京都、ソフトウェア業）の長島睦社長に開発を依頼した「スピード決裁」という申請システムを利用していました。

「スピード決裁」は、社長や上長が社内にいなくても、ｉＰｈｏｎｅやｉＰａｄで専用アプリを使って、簡単に出張精算や有給休暇申請を承認できる仕組みです。

このシステムを導入することで、**稟議の50％が1日で通り、25％の振込処理が当日中に完了し、翌日には社員の銀行口座に振り込まれる**ようになりました。いままで社長や上長が社内に戻ってくるまで止まっていた決裁承認のスピードが飛躍的に上がるため、武蔵野以外の企業にも広がり、現在１８０社の会員企業で８０００ＩＤが利用されています。

ただ、「スピード決裁」を使って出先でできるのは承認だけ。当初は出先から申請できず、それが経理の月曜残業の原因になっていました。そこで平川は申請のシステムを改良して、出張先からも簡単に申請ができるようにした。

次のデータネイチャー大会では、その結果を発表させます。出張先でも申請できるシステムにしたら、目論見どおりに申請が平日に分散して、**経理の月曜の残業時間も減った**。これでめでたし、めでたしです。

ただ、この話には後日談があります。カイゼン後はいったん残業時間が減ったものの、しばらくすると、また元のように月曜の残業が増えていったのです。

そこで平川は、申請と承認のフローをさらに細かく分析して原因を探りました。その結果、申請自体は平日に分散されたものの、**承認後に本人が押すべきボタンをさぼって押さない社員が多い**ことがわかった。さぼる社員はボタンを押すだけの作業を面倒くさがって、週末に一度に押していた。わが社の社員は、さぼることにかけては天下一品です。

3回目のデータネイチャー大会でこのことを発表した平川は、カイゼン案も合わせてプレゼンした。**ボタンを押していなかったワースト社員ランキングをその場で発表**したので、みんなの前で名指しされた社員は立つ瀬がなかった。

恥をかかされた社員が本当にボタンを押すようになるのか。

それは引き続き検証をやらないとわかりません。次のデータネイチャー大会でどのような報告があるのか楽しみです。

〝ホラ吹き大会〟でもいい

以上、データ分析の成功例を紹介しましたが、社員が最初からこのような分析ができるわけではありません。新人課長はそれまで生データを扱った経験がないので、分析結果はほとんどデタラメです。

しかし、私は**ホラ吹き大会でいい**と言っています。デタラメでもホラでも、まず発表すると決めてデータに触らないと、いつまで経っても分析スキルが上達しない。とにかく発表させて、ダメならやり直せばいい。最初からハードルを上げすぎるのは社員が及び腰になるからよくない。

データネイチャー大会で優勝すると、**3万円の賞金**が出ます。その賞金は、たいてい部門の飲み会に使われます。

優勝は社員による投票で決定します。投票権はひとり2票で、2票を同じところに投票するのは無効。ひとり1票、あるいは2票で同じところに投票しても可だと、みんな飲み代ほしさに自部署に投票してしまうからです。2票で別々になれば、1票は自部署、もう1票は本当によかったところに投票する。

私はプレゼンを聞いて、深掘りややり直しを命じますが、優勝の選定に関しては特別な権限を持っていません。みんなと同じように投票します。

なぜ社長が優秀なものを選ばないのか。

社長や幹部が経営者目線で選ぶと、レベルが高すぎるからです。

データ分析によって導かれたカイゼン策は、**現場で実行できるもの**でないと意味がありません。現場で実行可能かどうかは、私より**社員**のほうがよく知っている。だから社員による投票で決めることが正しい。

役職によって相対評価と絶対評価を使い分ける

数字は人格――この言葉が重い意味を持つのは社長だけではありません。社長にとって決算数字がすべてであるように、社員にとっても数字が評価の対象になります。

社員の賞与評価は**プロセス評価、業績評価、環境整備の点数、部下との面談、残業減の組合せ**で行います。プロセス評価は定性的評価ですが、業績評価は定量的評価、つまり数字による評価です。

プロセス評価と業績評価のバランスは、職責によって異なります。一般社員はプロセス評価と業績評価が**80対20**。課長になると50対50になり、本部長になると**10対90**になる。職責が上に行くと、どんなに定性的にすばらしいことをやっても、数字を出せなければ評価がボロボロになる。

部長以上はまさに、〝数字が人格〟です。課長以下は、決められたことをやって成果を出せばいい。

しかし、部長以上は違います。**新たな稼ぎをつくることが条件**で、去年と同じことをやって数字が上がっただけなら評価されません。

また、部長以下は相対評価、**本部長以上は絶対評価**にしている点も特徴です。

メンバー5人、みんな優秀な数字をたたき出しても、全員をA評価にせず、上からS・A・B・C・Dと差をつけて評価するのが相対評価です。相対評価のいいところは、同僚の間でライバル意識が芽生えて、社内が活性化することです。

自分が100を売り上げていても、同じ課のライバルが110なら、ライバルより評価は下。「よし、あいつを超えよう」と競争が始まり、お互いに切磋琢磨するようになります。

また、絶対評価にすると、プロセス評価で上司の採点が甘くなります。「えこひいきしたと思われるのがイヤだから、みんなBでいいか」とテキトーな点数をつけてお茶を濁してしまう。本当は差があるのに同じ評価を与えるのは、悪平等・不公平です。公正な評価をするために相対評価は必要です。

ただし、本部長以上は「絶対評価」です。どの部門も業績が悪化して会社が赤字になったのに、相対評価でSやA評価をもらう部門長がいたらおかしい。低いレベルで争っていたら会社が傾く。本部長以上は、他部門に関係なく業績をアップさせないと高い評価をしません。本部長は数値データで半期の自己アピールを提出し、役員会の独断で決めると経営計画書に明記してあります。

社員が勝手に頑張り始める仕組み

絶対評価といっても、売上や粗利益といった数字を単純に評価するわけではありません。評価の対象になるのは、**前年同期と比べた数字**です。

前期の営業利益が100で今期が110だったA部門と、前期がマイナス30で今期は5になったB部門があれば、評価されるべきはどちらでしょうか。

多くの社長は利益が大きいA部門をトップと評価してしまう。

しかし、それは間違い。会社への貢献が大きいのは、前年比で35増加したB部門です。

利益は小さくても、30の赤字をなくしたのだから大したものです。

最近の武蔵野では、ホームインステッド事業の赤字を大幅に減らし、あと少しで黒字のレベルにした由井英明本部長がS評価を取りました。ホームインステッドは訪問介護事業を行っていますが、ダスキン本部の方針で深夜もパック料金でやっていた。しかし、深夜はスタッフの人件費が1・5倍で、どう考えても利益が出ない。由井はそこをカイゼンして赤字を減少させた。そのカイゼン幅が大きかったのでS評価です。

こうした評価は、すべて公開されています。また、どの評価になったら賞与がいくらになるのかという計算方法も公開されていて、社員に自分で賞与を計算させています。自分で計算すると、評価がひとつ違っただけで賞与額が大きく変わることが実感できます。

最近、社員には自分の賞与に加えて、上司の賞与も計算させています。**上司がA評価を取ったときの賞与額は、自分がA評価を取ったときの賞与額の倍**。その事実を知ると、社員は目の色が変わる。こちらが頑張れと言わなくても、勝手に頑張り始めます。

いくらお尻をたたいても社員が本気にならないと嘆く社長は、お尻をたたく以前にやることがある。**まず、給料体系をつくり、評価基準を明確にして、それが給料にどのように結びつくのかを本人に勉強させる**。下手な激励メッセージより、そのほうがずっと効果があります。

驚くべき新卒社員の定着率は、なぜ生まれるのか？

武蔵野は社員220名（従業員808名）ですが、**ここ9年間、上位100名はひとりも退職していません**。

若手社員もここ数年、退職者が激減しました。

図表12が**新卒社員の定着率と大学別在職率**です。

一般に、全業種の新規大卒者の入社3年以内の平均定着率が68％程度、宿泊業・飲食サービス業が50％程度といわれていますが、武蔵野の新卒定着率は群を抜いています。

2015年度新卒15名のうち辞めたのは2名。定着率は87％です。

2017年度新卒は20名ですが、**現在ひとりも辞めていません**。

また、説明会集客人数についても、2017年度新卒は433名だったのが、2018年度新卒は1020名と**2・36倍**になっています。これは前述したJR新宿ミライナタ

図表12　新卒社員の定着率と大学別在職率

1年目から3年目の定着率

	新卒人数	1年目退職者	2年目退職者	3年目退職者	定着率	説明会集客人数
2018年度	25名				100%	1020名
2017年度	20名	0名			100%	433名
2016年度	25名	1名	2名		88%	614名
2015年度	15名	1名	1名	0名	87%	376名

2.36倍!

全業種平均68%程度
宿泊業・飲食サービス業50%程度

ここ数年の大学別在職率（2017年10月現在）

	大学名	採用人数	新卒	新卒退職者	在職率（新卒）
1	明星大学	18	12	0	100%
2	日本大学	12	9	4	56%
3	東京経済大学	11	11	2	82%
4	亜細亜大学	11	9	3	67%
5	東洋大学	10	10	1	90%
6	東海大学	8	6	0	100%
7	立正大学	7	7	0	100%
8	専修大学	7	6	0	100%
9	拓殖大学	6	5	1	80%
10	関東学院大学	6	5	1	80%

ワーの集客効果が大きい。大学別在職率も、数年前に比べると劇的に高まっています。

社員のキャラを〝数値化〟して配属する

定着率が劇的に上がった理由は明白です。**社員ひとりひとりの特性を数値化して配属に活かしたから**です。

特性の数値化には、211ページでも紹介したEG（エマジェネティックス）というツールを使っています。簡単におさらいすると、4色で特性を数値化して、青優位は論理的、緑優位は定型業務向き、黄や赤優位は気分屋の傾向が強い。青優位は論理的なのでプログラマー向き、感情に左右されにくいという面では仕入担当にもいい。値切ると決めたら、非情になって粘り強く交渉します。逆に社交的な赤優位は、業者との距離が近くて〝仲よし負け〟するリスクがある。だから、仕入担当にはしません。

緑優位は定型業務向きなので、マニュアル化されたことをきちんとこなす事務仕事が最適です。業種によりますが、たいていの会社は業務の半分以上が定型です。武蔵野もそうなので、ここ2年は採用段階から緑優位の人が6~7割になるように調整しています。

逆に黄や赤優位の人は飽きっぽいから事務に向きません。状況に応じて変化を求められる企画職や営業職のほうが向いています。

私は元から適材適所を意識して社員の配属を決めていました。勘の鋭いほうなので、判断には自信があった。しかし、やはり人間の勘には限界がありました。特性を数値で客観的に把握して配属に活かしたら、以前に増してミスマッチが起きにくくなり、退職者が減りました。

また、上司と部下が互いの特性を把握できるようになったことも大きい。

以前は上司が黄や赤優位で、部下が緑優位だと、部下の不満が溜まった。「こっちは決まった仕事をきちんとこなしているのに、うちの上司は言うことがコロコロ変わる」という不満です。

しかし、EGを公開してお互いの特性を見える化したら、「上司はそういう人だから仕方がない」とあきらめるようになった（笑）。

上司と部下の組合せについては、以前から「エナジャイザー」というツールも活用していました。これは人の適性や能力を測るツールで、おおざっぱに言うと情報処理能力、性格、モチベーションの3つを数値化できます。

上司と部下の組合せで意識しているのは、**情報処理能力が同じレベルの社員同士を組み合わせる**こと。具体的には、能力差が20以内に収まるように組み合わせます。

部下と比べて上司の頭がよすぎると、「どうしてこんな簡単なこともわからないんだ」と部下を見下して、しまいには放置するようになる。逆に部下の能力が上司より高すぎてもダメ。「うちの上司はバカだ」と心のなかで舌を出して、指示を聞かなくなります。

能力の高い上司の下には能力の高い部下をつけ、それなりの上司にはそれなりの部下をつける。そうすると、互いに敬意や親近感が生まれてコミュニケーションが活発になり、上司も部下も能力が伸びます。このことはエナジャイザーの数値の結果としても表れています。

こうした配属方針は、社員の特性や能力が客観的に数値化されているから可能になりました。これは「数字は人格」というより「人格を数字に」する話ですが、会社や社員を成長させるという意味ではこちらも重要です。

会社が若い人に合わせるのが正しい

退職者が減った理由は、もうひとつあります。

残業を減らす取り組みが功を奏して、みんな早く帰れるようになったからです。

数十年前の武蔵野は長時間労働おかまいなし。ピーク時の残業時間は月平均76時間にも達していました。76時間は平均で、とにかく結果を出したい社員はもっと遅くまで働いていた。当時は、それがあたりまえだとみんなが思っていました。私自身もおかしいと思わず、ガムシャラに頑張ることを奨励していました。

しかし、時代は大きく変わりました。若い世代はストレス耐性が低く、長い残業にとても耐えられない。こう言うと若い世代を批判しているように聞こえるかもしれませんが、違います。現実としてストレス耐性の低い社員たちが増えたから、**会社がその現実に合わせることが正しい。「昔はよかった」は甘え**です。現実から目を背けて変わろうとしない会社こそ批判されるべきです。

以前のやり方は通用しないと悟った私は、「月間残業時間45時間を目指す」と方針書に明記しました。いつもなら「45時間にする」と書くところを「目指す」と書いたのは、残業削減は一筋縄ではいかないと思っていたからです。

残業時間3分の1、売上128・5％の謎

しかし、様々な取り組みにより、２０１６年７月には月間平均残業時間が**24時間台**にまで減りました。

２０１７年10月現在、月間平均残業時間は**13時間**まで減り、**残業ゼロの部署が2つ**あります。以前、ワーストを誇っていた部署も19時完全退社です。

当初の目標を大きくクリアして、残業時間は**3分の1以下**になりました。私の心配は、いい意味で裏切られました。

具体的な取り組みは『残業ゼロがすべてを解決する――ダラダラ社員がキビキビ動く9のコツ』（ダイヤモンド社）を参考にしていただくとして、ココでは最も効果的な方法をひとつだけ紹介しましょう。

残業を減らすには何が必要か。それは、**残業を見える化**することです。

ダスキン事業は年に数回、営業の社内キャンペーンが行われ、ルートマンが一定期間内に営業成績を競います。営業成績は期間中、毎日更新されて公開されます。ルートマンは自分やライバルの最新の数字を見て、「もっと頑張らなくては」「いまから逆転を狙うために大口のお客様を狙おう」と考える。

残業の削減も同じです。とにかく減らそうと考えるだけでは、残業時間は短くなりません。残業が見える化されているから、「このやり方は変えるべき」「新しいやり方は効果がなかった」と具体的に検証できます。

武蔵野は営業支援ツールを活用して、残業時間を**ポイント制**にして各支店で競わせています。19時までに全員が帰った支店は5ポイントが加算されます。以下、30分経過するごとに加算されるポイントが1ずつ減る。21時すぎに誰かが残っていれば0ポイントで、その日は加算されません。

ポイント制になると他店との競争意識が芽生えるし、自分たちの取り組みの成果が目に見えるのでやりがいがある。ポイント制の導入後、残業時間がみるみるうちに減りました。現在、残業時間の目標は、入社5年目までの社員は月40時間、それ以上の社員は十数時間です。

若い社員が緩めの目標になっているのは、経験を積ませるため。練習しないでうまくなったサッカー選手がいないのと同じで、ビジネスパーソンも若い時期にある程度の量を経験しないと一人前になりません。もちろん残業をしたくない社員は早く帰ってもいい。ただ、上の世代はもっと量をこなして成長したので、少なくてもその半分程度の量をやらないと同じ土俵に立てない。どちらを選ぶのかは本人次第です。

若い時期に経験を積んで力をつけたあとは、量より質の勝負です。武蔵野の**残業時間は、残業を減らし始めたころと比較して3分の1になりましたが、売上は逆に128・5％伸びている**。社員個人も、短い時間でたくさんの成果を挙げることを目指すべきです。

数字で仕事をすると心に響く

社員が働きやすい職場を測る指標は、残業時間だけではありません。

武蔵野は以前から**職場のコミュニケーション**を重視しています。コミュニケーションとは、**「情報」と「感情」をやりとり**すること。様々な情報がみんなで共有され、精神的にも支え合っていける職場なら気持ちよく働けます。だから社員間のコミュニケーションのいい職場ほど人が辞めない。

ところが、多くの会社ではコミュニケーションの状態が客観的に見える化されていない。職場を見渡して、「わが社はみんな仲がいい」「いや、ギスギスしている」というように漠然とした印象で語るだけです。

客観的に数値化すれば、足りない部分について具体的な対策が打て、効果も測れます。ところが、印象だけで語る社長は、職場環境を見誤り、悪いところを放置して悪化させてしまう。

ガソリンスタンドを展開するヤマヒロ株式会社（東京都、石油製品販売）の山口寛士社長も、なんとなくの印象で判断していたひとりでした。

「うちはみんな仲がいい。だからコミュニケーションに課題があるとは考えていませんでした。ただ、日本経営品質賞を目指す取り組みの一環で社内アンケートを実施したところ、予想外の結果が出た。うちは情報共有が進んでいると思っていましたが、実際は点数が低く、私の印象とはまったく違った」（山口社長）

ヤマヒロが実施したのは、武蔵野が提供している「コミュニケーションアンケート」です。それによると、「報告、連絡、相談」「意思統一」「情報の伝達スピード」などの項目は軒並みよい結果になったものの、「情報共有」だけは標準を下回る結果に（↓図表13）。

じつは山口社長は、社内の情報共有に自信を持っていました。10年以上前から各店にパソコンとグループウェアを導入。最近もｉＰａｄを配布するなど、ガソリンスタンド業界では見かけないほど積極的にＩＴ化を進め、スタッフがいつでも好きなときに情報にアクセスできる環境を整えていたからです。

しかし、**数字はウソをつかない**。社員同士で情報共有ができていないと感じていたのは事実です。そこで原因を探っていくと、次のことがわかりました。

図表13　ヤマヒロのコミュニケーションアンケートの実態

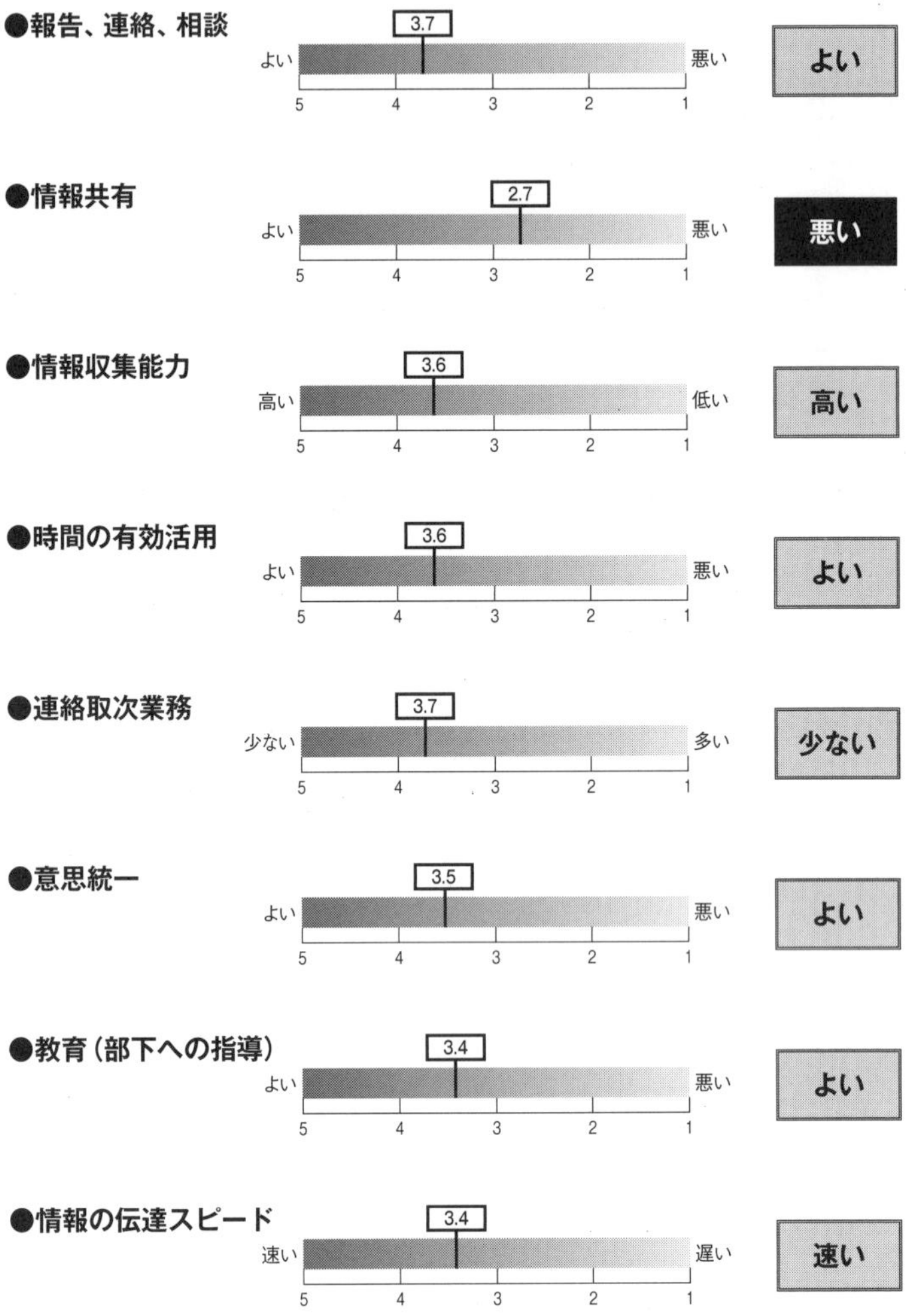

「パソコンやｉＰａｄ、グループウェアＩＤは各店舗にひとつ。仕事中にパソコンやｉＰａｄを使うのは店長の許可がいるため、若手社員やクルー（アルバイト）は面倒になってグループウェアにアクセスしなかった。私は経営者目線で『ツールを入れればみんな喜んで使う』と勘違いしていて、使う側の心理がわかっていなかった。反省です」（山口社長）

山口社長はアンケート結果を受けて、別のグループウェアに乗り換えて全社員と主要クルーにＩＤを配布するなどの対策を取った。その結果、課題を把握して具体的な対策をしたことで、コミュニケーションを改善できたのです。ヤマヒロ株式会社は**２０１７年度「日本経営品質賞」の「経営革新奨励賞」**を受賞しました。

「情《なさけ》」は回数に比例する

では、見える化した結果、コミュニケーションのレベルが低かったら、どのような対策を打つべきか。

先ほど、コミュニケーションは「情報」と「感情」のやりとりだと言いました。

どちらにも共通しているのは「情《なさけ》」です。**情は、回数に比例**します。大して好きでもない相手でも、会う回数が多いと情が移る。コミュニケーションも回数を増やせば改善されます。

株式会社キンキゴム（京都府、ゴム・プラスチック販売）の長谷川哲也社長も、コミュニケーションアンケートで課題を発見しました。とくに問題だったのは、幹部社員とパート社員の間のコミュニケーション。対策として**社長とパート社員のランチ会**を毎月実施するようにしたら、次のアンケートでは数値がカイゼンした。ランチ会は50分。パート社員は5人で、ひとりあたり正味10分です。しかし、短時間でも顔を合わせて会話することに意味がある。

武蔵野もコミュニケーションは**回数重視**です。上司は最低毎月1回、部下と飲み会をすることが義務づけられています。回数を満たさないと評価が下がって賞与も減る。こうした仕組みがあるから、武蔵野は風通しがよく、社員同士の仲がいいのです（これは私の印象だけでなく、アンケートで裏づけられています）。

社員がパンクしない仕組みを

世界中から良質なエンターテインメントを求めて多くの人がやってくるラスベガス。大勢の観光客を収容するため、巨大なホテルが立ち並んでいます。

ただ、いくら巨大といっても大きさには上限がある。客室数はおよそ3000室まで。それを超えるホテルを建てる敷地があっても、必ず2つに分けて建てられています。

なぜ、ひとつにまとめて超巨大ホテルにしないのか。

部屋数が増えすぎると、人間の頭で管理できなくなるからです。もちろん3000室レベルになると、ひとりの人間の頭ですべてを管理することは困難で、ITやほかの人間の頭が必要になります。3000室を超えると、ほかの助けがあっても収拾がつかなくなる。だから分割して管理する。

社長や社員も、ひとりで管理できる量には限界があります。

私は一度会っただけの人の名前をまず覚えません。人間、顔と名前が一致するのはせいぜい1000人です。若くて脳がフレッシュでも1500人が限界。私の場合、社員が2000人以上、経営サポート会員の社長が700人以上、それに昔からの友人を入れて計1000人以上。すでにキャパシティがギリギリの状態で、たくさんお金を払ってくれる人でないと覚えないようにしている（笑）。

社長は社員のキャパシティを見極めて、**それ以上の管理をさせない仕組み**をつくる必要があります。

仕事量が多すぎて課長がパンクしたら、その課を分割して課長を2人にしなかった社長や幹部の責任。適切な量にコントロールしてこそ、社員は能力を存分に発揮できる。

では、適切な量をどうやって見極めればいいのか。

私が注視しているのは**ボイスメールの受信数**です。ボイスメールが月1500件を超えたら、そのチームはもう大きすぎる。有無を言わさず分割です。

ほかに部下の人数、売上金額などをモノサシにしてキャパシティを見極める方法もあります。

いずれにしても大切なのは、**仕事量を数値化してモニタリング**すること。社員がパンクしてうつになってから対処するのでは遅い。

基準をつくって、それを超えたら何らかの手を打つべきです。

ひとつひとつコツコツやってみてください。必ず成果は出ます。

健康を〝数値化〟して会社を守る

会社を守るために**数字で見える化**してほしいものがあります。

社長の健康です。

社長が病気で倒れると大変です。

肺ガンのステージⅢだと、抗ガン剤治療を3週間×4回。合計で約3か月間は仕事ができなくなる。中小企業の最大の戦力は社長です。社長が約3か月不在だと、ほとんどの会社はガタガタになる。

そうした事態を回避するには、**ガン遺伝子の数を見える化**することが大切です。

私は遺伝子検査を受けて、5個のガン遺伝子が見つかった。2〜3個は前ガン状態、4個はグレーゾーン、5個以上は危険水域で、5個はいつガンが見つかってもおかしくない状態。3回にわたって遺伝子治療を行い、2017年8月に、とうとう**ガン遺伝子がゼロ**になりました。

遺伝子治療をしてくれたのは、経営サポート会員でもある医療法人社団創友会UDXヒラハタクリニック（東京都）の平畑徹幸《てつゆき》理事長です。

遺伝子治療は非常にお金がかかります。

私はゼロになるまで繰り返し治療したので、全部で**約2000万円**かかった。それでも私がいなくなって会社が傾くことを考えれば安い買い物。治療費は自腹ですが、本当なら会社に負担させたいくらいです。

できれば社員にも検査を受けさせて、リスクのある人は遺伝子治療してもらいたいところです。しかし、費用を考えると現実的ではない。

その代わり経営計画書に、**「ビジネスの持続可能性を高めるために、社員の健康に一歩踏み込む」**と明記して、健康指導を行っています。

とくに口うるさく指導しているのは**食事**です。

株式会社関通（大阪府、物流サービス）の達城《たつしろ》久裕社長と株式会社テイル（前掲）の金原章悦社長は若いころから不摂生をしていたので、心配になってガン遺伝子検査を受けさせた。

2人とも悪い結果が出ると思ったら、達城社長は3個で（のちに治療でゼロ）、金原社長はゼロでした。不思議に思って金原社長の生活をヒアリングしたら、**チーズやキムチや納豆などの発酵食品を毎日食べているる**とわかった。以来、社員にも「発酵食品を食べろ！」と勧めています。

自分は元気だから大丈夫と過信してはいけません。経営サポート会員のうち122人の社長に遺伝子検査を受けてもらったら、ガン遺伝子5個以上は14人もいた。うち6人はガンと診断されましたが、遺伝子治療で全員が前ガン状態まで戻った。

忙しくて健康なんて気にしていられないという社長は失格です。

社長の健康は会社経営最大のリスクであり、社長の健康を守ることが会社やそこで働く社員を守ることになる。

社長の体は、自分ひとりの体ではない。

そのことを胸に刻んで経営にあたってください。

【著者プロフィール】

小山　昇（こやま・のぼる）

株式会社武蔵野代表取締役社長。1948年山梨県生まれ。「大卒は２人だけ、それなりの人材しか集まらなかった落ちこぼれ集団」を15年連続増収の優良企業に育てる。2001年から同社の経営の仕組みを紹介する「経営サポート事業」を展開。2017年にはJR新宿ミライナタワーにもセミナールームをオープンさせた。

現在、「数字は人格」をモットーに、700社以上の会員企業を指導。５社に１社が過去最高益、倒産企業ゼロとなっているほか、「実践経営塾」「実践幹部塾」「経営計画書セミナー」など、全国各地で年間240回以上の講演・セミナーを開催。1999年「電子メッセージング協議会会長賞」、2001年度「経済産業大臣賞」、2004年度、経済産業省が推進する「IT経営百選最優秀賞」をそれぞれ受賞。日本で初めて「日本経営品質賞」を２回受賞（2000年度、2010年度）。2004年からスタートした、３日で108万円の現場研修プログラム（＝１日36万円の「かばん持ち」）が話題となり、現在70人・１年３か月待ちの人気となっている。

『朝30分の掃除から儲かる会社に変わる』『強い会社の教科書』『【決定版】朝一番の掃除で、あなたの会社が儲かる！』『１日36万円のかばん持ち』『残業ゼロがすべてを解決する』（以上、ダイヤモンド社）、『99％の社長が知らない銀行とお金の話』（あさ出版）、『仕事ができる人の心得【改訂３版】』（CCCメディアハウス）などベスト&ロングセラー多数。

数字は人格

――できる人はどんな数字を見て、どこまで数字で判断しているか

2017年12月13日　第1刷発行
2018年2月6日　第4刷発行

著　者――小山 昇
発行所――ダイヤモンド社
〒150-8409　東京都渋谷区神宮前6-12-17
http://www.diamond.co.jp/
電話／03·5778·7236(編集)　03·5778·7240(販売)
装丁――――石間 淳
本文デザイン·DTP――吉村朋子・佐藤麻美
編集協力――村上 敬
製作進行――ダイヤモンド・グラフィック社
印刷――――文唱堂印刷株式会社
製本――――株式会社本村
編集担当――寺田庸二

ISBN 978-4-478-10241-1